KB263599

님께

주후 199 년 월 일
드립니다.

실패를 성공으로 바꾸는 사람들의

5가지 습관

랜슨 로스 지음 / 변 대 원 옮김

멀리 바라보라
당신의 생각을 확장시켜라
플라스틱 감옥에서 이렇게 탈출하라
위기를 효과적으로 넘겨라
뒤돌아 보지 말고 앞을 보고 전진하라

도서출판 생명의 글

Total Life Prosperity

by
Lanson Ross. D. Min
Trans by
Dae Won. Byun. D. Min

1996
Elman Press
Seoul, Korea

들어가는 말

내가 시에틀(seattle)에 있는 킹스 가든(King's Garden)의 부원장을 사임하던 39세까지 나는 모든 것이 순조로웠다. 나는 좀더 좋은 곳으로 옮기고 싶었는데 때 맞추어 원장인 클라렌스 레이머(Clarence Reimer) 박사와 문제가 생겼기 때문에 그곳에 계속 있을 수가 없었다.

킹스 가든에서 일하기 전에 나는 사회와 관련된 사역을 꽤 성공적으로 하고 있었다. 그러는 차에 레이머 박사가 함께 일하기를 요청해 왔다. 이렇게 해서 나는 성공과 실패에 관해 많은 경험을 하게 되었다. 내가 킹스 가든에서 수행하는 일은 여러 교회에서 맡은 일과 거의 같은 것이었다.

그러나 열심히 일하여 성공하면 할수록 나의 불안감에서 오는 병적인 성격은 커져만 갔다. 이러한 현상은 목회자들의 모임, 교회의 공식 모임, 지역 목회자들의 모임 등에서 나타났다. 이 모임에서 나는 소외감을 맛보곤 했다. 어떻든 어려운 상황에서 나에게 도움을 준 레이머 박사에게 감사한다.

나는 직장을 자주 옮겨야 했으며 이로 인해 가족에게 많은 어려움을 주었다. 나는 장로교에서 목회를 했고, 침례교 신학교에서 공부했으며, 성결교에서 대학원을 다녔다. 침례교에서 목사안수를 받았으며, 복음교회에서 목회하였다. 이렇게 많이 옮겼음에도 어느 곳에서도 마음의 뿌리를 내리지 못했다.

내가 킹스 가든을 떠날 때는 직장에 대한 어떤 계획도 없는 상태였으며 어떤 대안도 없었다. 그런 가운데도 나는 계속 씨에틀에 있었으며, 자녀들은 시골에서 흙과 가까이 키워야 한다고 생각했다.

나의 목회 사역은 18살에 오레곤(Oregon)주의 메이저(May-ger)에서 시작되었다. 나는 39세까지 하나님에게 붙들려 사역하였으나 어떤 교파에도 속하지 않았다. 킹스 가든에서 떠난 후 나는 어떤 교회에도 속하지 않는 자유스러운 상태가 되었다.

이후 나는 어떤 모금회사에 일하였는데 그 회사는 집을 짓고 수리하고 부동산을 개발하는 회사였다. 이곳에서 나는 내 자신이나 가족 그리고 친구는 물론 심지어 하나님과도 시간을 가질 수 없었다. 출장을 가고, 제안서를 접수, 검토하는 등의 많은 일을 해야 했기 때문이다.

이 회사에서 나는 의논 상대역인 고문을(consultant) 한 명 고용했으며 그와는 매주 금요일마다 만남을 가졌다. 그는 나에게 가족이나 부모에 관해 그리고 내가 설교했던 것에 관해 질문을 가끔했다. 그때마다 나는 위축되는 것을 느꼈다. 그래서 나는 그런 질문을 받을 때마다 그에게 내가 어떻게 사업을 확장하고 보고서를 쓰며 이 사업을 번창시킬 수 있는가를 조언하여 줄 수 있느냐고 되묻고 했다.

그는 10개월 동안 이따금씩 나의 목회 사역에 관해 물어 왔는데, 드디어 어느 날 내게 폭탄 선언을 하였다. 그는 내 인생에 있어 무엇이 잘못되었는가를 지적하였던 것이다.

"랜슨씨! 당신은 천재입니다. 그러나 당신은 하나님께서 당신이 무엇을 하시기를 원하는가를 알 때까지는 실패를 계속할 것이며, 결코 성공하지 못할 겁니다."

그래서 나는 그에게 다시 소리쳤다.

"나에게 사업을 어떻게 경영하고 번영시키는가를 조언하십시요."

그는 내게 말했다.

"랜슨씨, 앉으세요. 그리고 일단 제 말을 들어보세요. 당신이 매사에 자기 중심적인 사고에서 벗어나지 않으면 아무도 당신에게 마음을 열고 말을 전해주지 않을 겁니다."

그리고 한 시간 동안 그는 나의 잘못된 점을 지적해 주었다. 나는 성공하고 있으면서도 내면으로는 패배감을 느끼고 있었던 것이다. 실패를 생각하고 있으면 결코 성공적인 삶을 살 수 없다.

이야기가 끝나고 나서 나는 문을 박차고 나왔다. 몹시 화가 나서 밖으로 나왔다가 다시 그에게 찾아가 무언가 화풀이를 하고 싶었다. 나는 격앙된 감정을 억제하며 차를 끌고서 정처없이 다니다가 감정을 억제하고 난 후에 겨우 집으로 돌아왔다.

상기되어 있는 내 얼굴을 본 아내는 무엇이 잘못되었냐고 질문하였지만 나는 별일 아니라고 얼버무려 대답했다. 그후 나는

6일 동안에 집에 있었고, 금요일에는 아내와 함께 마음을 달래려고 중국 음식점으로 외식을 하러 나갔다. 식사를 하면서 아내는 지난 한 주간 무엇때문에 그렇게 고민하고 있는가를 물었다. 나는 나와 함께 일했던 그 고문과의 충돌에 대하여 이야기해 주었다. 나의 자기 중심적 생각이 상처받은 이야기를 하며 얼마나 화가 나는 일인가를 전했다. 말을 듣고나서 잠시후 아내는 나에게 "여보, 그의 말이 맞아요."라고 말했다.

아내가 이렇게 말했을 때 나는 정신적으로, 감정적으로 그리고 영적으로 어찌할 바를 몰랐다. 이제부터 나는 아내가 지적한 것과 그 고문의 지적에 대하여 새로운 삶을 시작해야 하는 것이다.

이 책은 그런 일이 어떻게 일어났는가를 말하고 있다. 이런 문제가 나 혼자만의 일이라면 책을 쓸 필요가 없다. 그러나 아마도 많은 사람들이 이와 비슷한 경험을 가질 수 있으므로, 그와 같은 사람들을 위해서 작은 해답을 드리기 위해 이책을 쓴다.

목 차

제1장
자아상*을 통한 자기 개발

*자아상(Self-image : 자신을 살펴보는 것)은 자기 개발의 근간이다.

1

내면을 바라보라

어느 날 아내는 국민학교 1학년에 다니고 있는 막내 아들의 글짓기를 내게 보여 주었다. 그것은 봄방학 숙제로 쓴 것이었는데, 막내 아들 랜니(Lanny)의 글짓기 제목은 '놀라운 나'라고 되어 있었다.

나는 나의 침실로 가서 그 글을 읽기 시작했다. 그런데 웬일인지 그 글을 읽기 시작하면서 눈물이 앞을 가렸다. 그리고 나는 기도했다. "하나님 나의 아들은 어쩌면 이렇게 자신있게 생각합니까?" 그러나 나는 내 자신을 자랑스럽게 생각하지 못했다. 겨우 여섯 살인 나의 아들이 나이 서른셋의 나 자신보다도 자기 자신을 돌아보는 눈이 우수했다. 나는 내 자신의 자아상(Self image)이 없었고 그것이 나를 고통스럽게 했다.

그때 나는 밴쿠버의 복음교회에서 목회를 잘하고 있었다. 교회는 성장했고 많은 사람이 변화됐으며, 주일학교도 우수하다고 생각되었다. 상도 받았으므로 나는 모든 것이 행복할 여건이었다. 그러나 정신적으로 행복을 느끼지 못했다. 그것은 나의 자아상이 약했기 때문이다.

용서도 자아상을 바꾸지 못한다. 용서를 받았다고는 해도 내 자신에 관해 좋은 느낌을 가지지 못했기 때문이다. 사람들은 자기 자신의 직업에 관해 그리고 그가 처해진 것에 관해 사람들로부터 인정받는 것보다 자기 자신에 관해 자신의 성공을 측정하지 못한다. 남이 인정하는 것으로 자신의 자아상의 변화에 영향을 주지 못한다.

나는 나이 서른셋이 되기까지 많은 경험을 했다. 내가 18살에 설교를 시작했을 때 많은 사람이 주님을 영접하였다. 나는 일찍이 하나님께서 나를 사용하신다고 믿었다. 그 당시 나는 오레곤주의 포틀랜드에서 공부하고 있었다. 나는 다른 사람에 비해 일찍 목회를 시작했는데 3년 간 감리교회의 청소년을 담당했다.

21살의 열정적인 청년 시절 나는 메리 프레라아이(Mary Fre-leigh)와 결혼했다. 그때가 1957년 겨울이었는데, 아내는 좋은 자아를 가지고 있었다. 메리는 연주하고 나는 설교를 하곤 했다.

학교를 마치고 시골에서 20개월 동안 목회를 할 때도 여러 종류의 사람이 회개하고 돌아섰다. 그러나 나는 썩좋은 자아상을 가지고 있지 못했다. 목회사역에 있어서 모든 것이 성공적이었으나 나 자신의 내심은 그렇지 못했다. 이때 나의 큰 아들 데이빗이 태어났으며 그때의 형편은 넉넉하지 못하였으므로 춥고 어려운 생활을 했다.

그후 아이다호 남파에서 열린문 교회의 목사가 되었다. 그리고 여기서 둘째 아들이 태어났다. 예수님께서 "네 이웃을 네 몸과 같이 사랑하라"(마 22 : 39)고 하셨다. 그러나 내 자신이 행복을 느끼지 못하니까 그것이 정말 어려웠다. 긴장과 모험의 생활이 계속되었다. 그 삶은 그칠 줄 몰랐다. 나는 27세때에 아이다호에서 2년간 목사로 재직하고 있을 때에 경비행기 운항사 자격증을 받았다.

현실과 이론을 받아들이는 데는 많은 차이가 있었다. 나는 목회 생활을 하며 성령의 운행하심을 보았다. 그러나 나 자신은 변하지 못했다. 그래서 아내 메리는 항상 살얼음판을 걷는 생활을 했다. 그녀는 근 20년 간 걷잡을 수 없이 격정적이어서 화를 잘 내는 나와 함께 살았다.

많은 사람은 나를 바라보고 존경한다. 그러나 나 자신의 내면에는 많은 갈등이 있다. 사랑하고 가까이 하고 싶은 사람으로 많은 성도들은 나를 생각한다. 그러나 나는 고집스럽고 내 자신을 잘 돌아보지 못하며 쉽게 무너지는 사람이었다.

나는 종종 아내와 다툼을 가진다. "목회를 그만 두어야겠어. 나는 다른 사람을 도울 수가 없어. 그만 두어야지."라고 여러 번 이야기하기도 했다. 남이 나를 성공했다고 보아준다고 자신의 자아상이 변하는 것은 아니다.

1964년 클리포드 클라크 박사(Dr. Clifford Clark)가 나를 위클리프 성경번역사에서 일하도록 소개해 주었다. 그곳에서 브라질 선교를 위해 비행기와 파이럿이 필요했다. 나는 비행기를 사기 위해 특별집회를 계획했다. 1964년에 오스왈드 스미스(Oswald J. Smith)를 토론토에서 아이다호까지 초청하여 집회를 가졌는데

27,000달러의 헌금을 확보하였다.

내 나이 29세때에 모험의 여행과 일이 시작되었다. 나는 이것을 하나님의 귀한 소명으로 여겼다. 그러나 곧 자신감을 잃었다. 내가 한편으로 성공하면 내면에서는 내 자신이 패배하는 느낌을 가졌다. 이상하게도 패배의식이 내 마음속에 자리잡고 있었다. 왠지 모르게 나는 자신이 없었다.

정글 항공 라디오 선교는 나를 교회에서 떠나 작전 2000이라는 특별 프로그램에 가입하게 하였다. 위클리프 성경번역회와 정글 라디오선교회에서 나는 자금을 확보하는 일에 합류하였다. 이로 인해 나는 18개월 동안 미국의 방방곡곡을 다니게 되었다. 스미스 박사와 모금을 위한 만찬을 37번이나 가졌으며, 이로 인해 수백만 불의 기금을 모을 수 있었고 수천 명의 사람을 도울 수 있었다. 성공은 했는데 행복하진 않았다.

작전 2000이 성공적으로 끝나고 나서 노스캐롤라이나에서 회의가 있었는데 내가 추진하는 일에 관해 약간의 비평이 있었다. 좋은 충고 수준이었으나 나는 거기서 누군가 나를 공격하고 있다는 피해의식을 느꼈다. 사실 그들은 나를 공격하거나 무시하는 것은 절대 아니었다. 그것은 내 자신의 문제였다. 나는 자존심이 상해서 그 프로그램에서 탈퇴하였다. 나는 그 모임에서 큰 소리치고 나와 버렸다. 나는 패배하고 있었다. 내 자신이 실패하고 있다고 생각하였다.

작전 2000을 그만두고 나는 밴쿠버의 복음교회로 가서 서른두 명의 신자와 함께 목회를 하였다. 더 이상 내려갈 곳이 없었다. 서른세 살에 나는 내 자신의 자아상이 잘못되었음을 느끼고 침실에서 울었다. 나의 아들은 '놀라운 나'라고 글을 쓰는데, 나 자신은 '실패와 오류의 나'라고 글을 써야만 하는 것이다.

오트론드가 쓴 「어린이는 굳지 않은 시멘트와 같다」(*Children Are Like Wet Cement*)라는 책이 있다. 시멘트가 굳기 전에 모양을 자유자재로 변화할 수 있는 것처럼 어린 시절이 중요하다.

우리 어머니는 7남 3녀를 키우셨다. 어머니는 매우 강하고 고지식하면서도 때로는 아주 약했다. 큰 아들 데이빗이 어렸을 때 우리 어머니는 어른 식탁의자에 박스를 포개고 그위에 데이빗을 앉혀서 식사를 시키곤 했다. 우리 애들은 그것을 매우 좋아했다. 어머니는 아이들을 잘 돌봐주셨다. 애들도 잘 따랐다. 나의 어머니는 돌아가셔서 지금 우리곁에 계시지 않다. 나는 어머니의 영결예배에서 설교를 했다. 나는 지금도 가끔 어머니를 그리워 한다.

어머니가 자녀를 교육하며 잘못한 것이 있다면 아이들이 자랄 때 부르는 호칭이었다. 어머니는 내 생애에 좋은 영향을 많이 주었지만, 그렇지 않은 것도 있다.

나의 어머니는 종종 "너는 네 아비와 똑같다"라든지 "너한테 기대하지 않는다" 등 좋지 않은 말을 했다.

뒤돌아보면 소년, 청소년기에 어머니는 나를 잘 가르치려고 노력했다. 어떻든 어머니가 화가 나서 한 말일지라도 내 자신에게 많은 영향을 미쳤다. 내 마음 속에 나는 나의 아버지만 못하다는 기대를 하게 되었기 때문이다.

나의 아버지는 술주정뱅이에 싸움꾼이었다. 가끔 집을 나가곤 했고 어떤 때는 수주일 또는 근 한달간 집에 돌아오질 않았다.

내 마음은 패배로 계획되었다. 나는 어렸을때 아버지가 집으로 돌아오면 찌르려고 칼을 베개 밑에 넣고 잠을 자곤 했다. 나는 그때 아버지를 미워하고 증오했다.

이렇게 자란 나는 중학교때 술을 마셨기 때문에 학교에서 퇴학당했다. 그러나 에스터켈리 선생님은 나를 포기하지 않았다. 선생님은 나를 오레곤의 시민회관에 데리고 가서 연설을 듣게 했다. 나는 세 번째 발코니에 5,500명의 청중과 함께 앉아 있었다. 연사는 어떻게 하나님을 아는가에 대해 전해 주었다. 성령께서 내마음에 들어와 역사하였다.

연사인 로셀 박사는 나와 믿기로 작정한 자를 앞으로 불러내어 성도들 앞에서 시인케 하는 기도를 하여 주었다. 나의 대부 (처음 믿기로 했을 때 신앙 상담을 하는 사람 : 역자주)는 나에게 성경에서 가장 이해하기 어려운 것은 에스겔의 수레나 계시록의 곡이나 마곡 또는 다니엘의 일곱 주일이 아니라 요한복음 3장 16절 "하나님이 세상을 이처럼 사랑하사 독생자를 주셨으니…" 라고 하였다.

나는 그 큰 사랑을 이해하지 못한다. 그러나 나는 감사하고 믿는다. 당신도 구원을 경험하나 역시 고통은 있다.

내가 열일곱 살일 때 죄사함을 받았으나 내 자신을 바라보는 것은 변화하지 못했다. 하나님은 나를 용서하시고 구원하여 주셨지만 세상 사람은 나를 용서하고 받아들이지 못하는 것 같았다.

내 생애를 10년 단위로 뒤돌아 보면 처음 10년 간은 부정적 사고방식으로 신앙생활을 하였다. 나는 내 자신에 관해 나약한 자아상을 가지고 있었다. 이런 성향이 나의 목회에 영향을 미쳤다.

나는 이 시기에 신자로서의 생활에 기쁨을 누리지 못했다.

그후 10년 간은(29살에서 39살까지) 하나님과의 관계에서만이 신앙이 존재하는 생활을 하였다. 신앙은 교회나 모임이나 교리나, 법이나, 도덕이 아니라 오직 하나님과의 관계에서만 존재한다. 나는 성령에 복종하며 살고 있다. 자아상을 향상시키면 당신의 생이 달라진다.

다음은 누구든지 자신에 관해 긍정적 생각을 가져야만이 타인과도 좋은 관계를 가질 수 있다는 것을 실증한 생활이다. 좋은 자아상을 갖지 않으면 아내와 남편에게 고통을 주게 된다. 좋은 관점을 가지지 못하면 예수님의 사역도 고통으로 보여진다. 우리는 이러한 어려움에서 벗어나야 한다.

바울은 빌립보서 1 : 6에서 "너희 속에서 착한 일을 시작하신 이가 그리스도 예수의 날까지 이루실 줄을 우리가 확신하노라."고 이를 지적하고 있다. 그리고 시편 기자도 시편 3 : 3에서 "여호와여 주는 나의 방패시요 나의 영광이시요 나의 머리를 드시는 자니이다."라고 밝히고 있다.

하나님은 우리로 하여금 우리 자신을 바라보는 것을 변화시켜 주신다. 자아상(self-image)은 바뀔 수 있다. 내가 경험하였다. 하나님은 나에게 변화를 가르쳐 주셨으며, 이로 인해 이책에서 여러분과 내 경험을 나눌 수 있는 것이다.

2

멀리 바라보라

종종 나는 내 자신이 다른 어떤 사람이었으면 하고 바란다. 그 이유는 다른 사람들은 어렵지 않게 살아가고 있는 것처럼 보이기 때문이다. 그러나 현실로 돌아와 보면 내가 타인이 된다는 것은 절대로 불가능하다. 또 다른 나라는 것은 있을 수 없다.

육체 : 나는 내 영혼이 거하는 육체를 가지고 있다. 지금까지의 여러 문제를 뒤돌아 보면 육체와 관련된 것이 많다. 체중 조절이라든지 운동이라든지 이런 것에 신경쓰는 것이 나의 생의 일부는 아니다.

하나님께서 나를 하나님의 형상으로 만드신 것은 다른 뜻이 있다. 어떤 목적이 있는 것이다. 바울이 쓴 빌립보서 1 : 23～25에 이렇게 나타나 있다. "내가 그 두 사이에 끼었으니 떠나서 그리스도와 함께 있을 욕망을 가진 이것이 더욱 좋으나 그러나 내가 육신에 거하는 것이 너희를 위하여 더 유익하리라. 내가 살 것과 너희 믿음의 진보와 기쁨을 위하여 너희 무리와 함께 거할 이것을 확실히 아노니.”

감정 : 내가 이땅에 있는 한 내 자신의 감정 외에 타인의 감정을 느낄 수는 없다. 어떤 감정에 사로잡힐 때 그것을 조정할 수 있는 것이다. 너무 감정이 누그러졌을 때(침체됐을 때) 감정을 되살릴 수는 있다. 그리고 그렇게 하는 것은 나의 권한인 것이다.

정열(에너지) : 어떤 사람이 다른 사람의 정열을 전기 플러그 꽂듯이 연결하여 사용할 수는 없다. 나는 오로지 하나님께서 내게 주신 몸과 마음을 개발해야만 한다. 하나님이 모든 사람을 평등하게 창조하셨다는 것은 정신적으로의 평등을 의미한다. 어떻게 내 아내와 내가 똑같이 자고 일어나고 할 수 있겠는가?

마음 : 마음도 내가 가지고 태어난 그 마음 이외는 없다. 혹자는 아인시타인이 생전에 15%의 두뇌만 사용하였다고 한다. 나는 나의 두뇌의 90%만 사용하여도 축복받지 않은 것 같은데 이것은 각자의 마음에 달려있기 때문이다. 우리가 살아가면서 만나는 근본적인 문제 몇 가지를 생각해 보자.

첫째, 존재이다.

“나는 누구인가? 왜 여기 있는가? 이땅에서 무엇을 해야 하는가? 꼭 지금 나와 같아야 하는가?”와 같은 문제를 우리는 자신이나 주변의 사람에게 질문한다. 여기에 당신이 부정적인 답을

한다면 당신은 부정적인 사람이 되고, 긍정적인 사고로 자신에게
답한다면 당신은 긍정적이고 적극적인 사람이 된다. 과거에 내
자신은 "불가능해, 안돼, 어려워" 등의 사고를 가지고 생활했었다.
　둘째는 죄의식이다.
　죄의식은 자신을 침체시킨다. 모든 사람은 실수할 수 있다.
그리고 자신이 나쁜 습관을 가지고 있다는 것을 안다. 우리는
나쁜 습관의 벽에서 박차고 나오도록 노력해야 한다. 성경의
원죄와 우리가 살아가면서 겪는 죄의식을 결합하여 스스로 실
패감을 느낄 때가 있다.
　나는 고등학교때 음주로 인하여 퇴교당한 경험을 가지고 있지
않은가? 그때 내 주변을 보니 모든 것이 부정적이었고 내 자신의
자아상도 좋지 않았다. 내 마음 속에서는 실패의 연속이었다.
환경이 나를 실패하도록 유도했다.
　셋째는 자기합리화의 문제이다.
　우리는 각자의 삶을 가지고 있다. 우리가 어떤 나쁜 일을 하면
죄의식을 느끼게 되고, 그 일을 저지르고 난 결과에 대해 두려움을
느낀다. 그러나 자기합리화가 이런 잘못을 스스로 받아들이게
만든다.
　'별로 나쁜 것도 아닌데, 남을 해치는 일도 아닌데, 다들 그렇게
하는데…'라는 생각이 우리를 잘못된 일을 하게 만든다. 이렇게
함으로써 자기 자신의 자아상에 괜찮다 하는 인식을 심게 되는
것이다. 만일 우리의 자아상을 변화시킬 수 있으면 우리 자신을
변화시킬 수 있다.
　나는 나의 여러 가지 문제가 해결되었을 때 다시 태어날 수

있음을 안다. 많은 설교를 들었어도 매설교 속에서 자신의 문제가 해결되어야 한다. 이런 거듭남에 대해 바울은 고린도후서 5 : 17 에서 말하고 있다. "그런즉 누구든지 그리스도 안에 있으면 새로운 피조물이라. 이전 것은 지나갔으니 보라 새것이 되었도다."

바울은 우리 자신의 문제에 관해 이야기하지 않았다. 그러나 우리 자신의 문제가 해결되는 순간 우리는 새로운 피조물이며 새로운 삶이 시작되는 것이다. 우리는 살아감에 있어 문제를 피할 수는 없다. 그러므로 문제에 부딪쳤을 때 그것을 해결할 수 있어야 한다. 이런 새로운 삶에 관해 우리는 알아야 한다.

그러면 새로운 삶이란 무엇인가? 나의 신앙생활 초기 10년을 경험삼아 우리의 신앙생활에 중요한 몇 가지를 살펴보겠다.

첫째, 우리는 죄인이라는 것이다. 로마서 3 : 23에 "모든 사람이 범죄하였으매…"라는 구절이 내가 거듭난 후 처음 읽은 구절이다. 이것은 그때나 지금이나 변함없는 사실이다. 여기서 우리는 죄인이라는 것과 나는 나쁜 사람이라는 것과는 구분해야 한다.

내가 어릴 때 어머니가 "랜슨, 너는 죄인이야. 넌 형편없어. 너의 아버지와 같아."라고 종종 말했다. 여기서 주의하여야 하는 것은 우리는 죄인이라는 로마서 3 : 23과 우리가 통상 말하는 우리는 나쁜 사람이라는 것과의 구분이다.

둘째는, 남아 있는 죄의식과의 투쟁이다. 바울의 로마서 7 : 21∼ 25을 살펴보자. "그러므로 내가 한 법을 깨달았노니 곧 선을 행하기 원하는 나에게 악이 함께 있는 것이로다…" 나는 많은 성도들이 신앙생활을 하면서 나와 비슷한 경험을 하리라 생각한다. 성경은 우리의 삶이 죄와의 싸움임을 가르쳐 주고 있다.

내가 처음 신앙생활을 시작하였을 때 나는 믿기 전보다도 더 많은 죄의식을 느꼈다.

셋째는, 자기합리화에서 성화로의 변화이다. 우리는 자기합리화에서 벗어나 성화되어야 한다. 우리를 죄에서 자유케 하신 하나님께 감사하며, 예수를 통해 이전의 딜레마에서 벗어날 수 있음을 알아야 한다. 우리는 우리의 행동에 대해 냉철해야 한다. 그리함으로써 성화된 성도의 삶을 영위할 수 있다.

나는 목사로서 아주 그럴듯한 말을 들었다. 나는 이런 일을 해서는 안된다는 것을 안다. 그래서 그것에 관해 기도했다. 그러나 하나님은 그 문제를 해결하지 않으셨다. 이런말을 옳지 않은 일에 핑계로 사용한다. 사람은 자기 행위에 대해 합리화하려는 속성이 있다. 우리 생의 변화를 가져오려면 우리의 관점을 변화시켜야 한다.

히브리서 12：1에 "이러므로 우리에게 구름같이 둘러싼 허다한 증인이 있으니…"라고 말하고 있다. 오늘날 가장 큰 죄는 우리들의 태도이다. 내게 당면한 문제를 해결하기 위해 당신은 무엇을 해줄 수 있는가? 학교에선 무엇을 해줄 수 있는가? 교회에서는? 정부에서는? 하나님은? 하고 묻지만 가장 중요한 것은 당신의 문제에 대해 당신 자신이 어떻게 할 것인가를 묻는 것이다.

기본적인 문제는 나는 하나님과 사람 앞에 죄인이었다는 생각이 나의 자아상에 남아있는 것이다. 예수께서 우리를 자유케 하셨다. 우리는 죄에서 그리고 받을 형벌에서 자유케 되었다. 그리고 우리는 성령의 인도를 바탕으로 하는 삶을 살아야 한다. 성숙한 사람은 자신의 행동과 말에 책임진다.

인간이 죄인이라는 것은 사실이다. 우리 모두는 하나님을 기쁘게 하는 것에 최선을 다해야 한다. 그렇게 하지 못할 때 우리는 죄의식을 느낀다. 우리는 성화되는 것을 우리의 행동에 바탕을 두려 한다. 이런 기본적인 것을 우리 실생활에 적용하면 문제들을 쉽게 해결할 수 있으며, 또한 우리의 자아상을 변화시킬 수 있다.

3

위를 바라보라

나는 종종 "어떻게 자신을 변화시킬 수 있으며 어디서부터 시작해야 하는가?" 하는 질문을 받곤 한다. 그것에 대한 나의 대답은 "처음부터 시작하라"는 것이다. 이것은 나를 창조하신 하나님을 재발견하는 것과 같다. 나는 지난 20년 간 신앙생활을 했지만 내 자신이 변한 것은 불과 5년 전이다. 하나님께서 필요하시기 때문에 변화시켜 주신 것이다. 그렇기 때문에 내 자신에 대한 자아상도 변하게 되었다.

창세기 1 : 26에 "하나님이 가라사대 우리의 형상을 따라 우리의 모양대로 우리가 사람을 만들고 그로 바다의 고기와 공중의 새와 육축과 온땅과 기는 모든 것을 다스리게 하자"라고 되어 있다. 우리가 때로는 실망하여 낙담된 가운데 있으나 분명한 것은 하나님은 우리를 하나님의 형상으로 만드셨다는 것이다. 우리는 그동안 하나님으로부터 멀어졌다. 그러나 주님을 영접함으로써 우리의 가치를 재발견하게 되었다. 하나님은 우리를 도우사 죄로부터 벗어나 말씀을 전하고 가르칠 수 있도록 하신다.

치료함을 받으라! "랜슨, 너는 너의 아버지와 닮았다. 하나님 아버지의 모습과도 닮았다. 육신의 아버지가 아니라…."

나의 어머니는 틀렸다. 하나님은 진리의 하나님이시다. 우리는 그의 형상으로 창조되었다. 나는 확실히 아는데 하나님이 우리를 부정적으로 살도록 창조하시지 않으셨다는 것이다. 왜냐하면 하나님은 끊임없이 우리를 부르시며 진실되고 소망된 삶을 살도록 하시는 분이기 때문이다.

우리는 할 수 있다. 하나님은 우리에게 할 수 있다는 능력을 주셨다. 창세기 1:26에 보면 하늘과 땅과 바다를 다스리는 권세를 주셨다. 할 수 있다는 것은 우리의 자랑으로서가 아니라 우리에게 생명을 주신 하나님의 도구로서 우리가 사용된다는 것을 뜻한다.

나쁜 자아상은 우리를 부정적으로 생각하게 하며 우리가 능력의 도구가 될 수 있다는 것을 망각하게 한다. 그러나 이러한 우리의 능력을 개발하기 위해서는 노력이 필요하다. 그래야 그런 주어진 능력을 십분 발휘할 수 있다. 우리가 할 수 있다는 것을 믿고 받아들이라. 하나님이 주시고 사용하도록 허락해주신 능력이다.

하나님은 우리를 사랑하신다. 하나님은 우리를 위해 그의 독생자를 이땅에 보내주셨으며 우리의 죄를 대속하여 죽으셨다. 하나님은 끝없이 우리를 사랑하시며 우리를 받아주신다.

많은 시간을 나는 사랑을 느끼지 못하고 또 사랑하지도 못하고 살았다. 그러나 그는 나를 떠나지 않고 사랑하셨으며 나를 성장시키고 성숙시켜 주셨다. 하나님은 우리에게 기회를 주신다. 이세상의 만물을 다스리는 권세를 주신 하나님이 우리에게 다스리는 힘뿐만 아니라 기회도 주시는 것이다. 그러나 사람들은 이런 기회를 포착하는 데 숙달되어 있지 않다.

나는 하나님의 영광을 위해 수년전 하나님의 뜻을 아는 세 가지 인도 방법을 알아내어 가르쳤다. 이 세 가지 등대는 첫째 하나님의 말씀이며, 둘째는 환경이고, 셋째는 내재하시는 성령님이시다. 사람들이 어떤 일을 결정할 때 때로는 이런 세 가지 안내 라인이 불충분할 때도 있다. 그래서 조금 희미하게 우리를 인도하고 있다고 생각한다.

환경이 적절치 못하나 내 개인적으로 이제는 하나님과 확고한 통신수단을 가지고 있다. 위성통신과 같이 하나님의 뜻을 아는 확실한 방법이다. 그것은 어떤 일이 내 자신을 위한 것인가 아니면 하나님의 영광을 위한 것인가를 결정하는 것이다.

내가 목회를 하는 시절에 한 성도님이 찾아왔다. 그는 인쇄를 하는 사람인데 교회에서 봉사하기를 원했다. 그때 우리 교회는 프린팅을 필요로 하고 있었다. 나는 "교사나 주일학교에서 봉사는 못하지만 인쇄는 할 수 있습니다."라고 말했다.

한번 가정해보라. 교회의 성도중에 자동차 기술자가 있는데 그가 자원해서 우리 교회의 나이든 성도님의 차를 정기적으로 점검해 준다면 얼마나 좋겠는가? 우리는 우리가 어떤 일을 자원해서 할 때 그것은 좋은 일이며 하나님을 영화롭게 하는 것이다.

우리는 우리 자신을 새로운 시각에서 바라보아야 한다. 하나님은 우리에게 할 수 있는 재능을 선물로 주셨다. 하나님의 뜻은 우리가 주어진 기회에 우리가 할일을 알아내는 것이다. 나는 당신이 하나님의 유기체인 교회와 그의 영광을 위해 일하기를 바란다.

하나님은 우리를 패배자로 느끼며 살도록 하지 않으신다. 로마서 8 : 1에 바울은 "그러므로 이제 그리스도 예수 안에 있는 자에게는 결코 정죄함이 없나니"라고 한다. 하나님은 우리가 죄로부터 벗어나기를 원하신다. 예수께서 요한복음 8 : 31∼32에 말씀하시기를 "그러므로 예수께서 자기를 믿은 유대인들에게 이르시되 너희가 내 말에 거하면 참 내 제자가 되고 진리를 알지니 진리가 너희를 자유케 하리라"라고 하셨다.

자유케 되기를 위해서는 먼저 우리가 우리 자신을 알아야 한다. 나는 내 자신을 부정적으로 보았기 때문에 하나님께서 내게 주신 능력을 알지 못했었다.

나는 나의 아들 랜니의 '놀라운 나'라는 글을 보고나서 "너는 완벽한 아이다"라고 칭찬했다. 그러나 나의 아들은 놀라면서 완벽하신 이는 하나님밖에 없다고 대답했다.

내 아들은 정말 자기 자신에 대한 자아상을 훌륭하게 가지고 있다. 내 아들은 15살때 씨에틀에서 워싱톤을 가로지르는 전국 횡단 자전거 여행을 60일 동안 4,400마일이나 하였다. 그리고나서 그가 20살되던 해에 하나님께서 자신을 하나님과 나라를 위하여 공군 사관학교에 가기를 원한다고 하면서 공군 사관학교에 입교하였다.

그는 하나님과 자신 앞에 자신감을 가지고 살았다. 사실 16살때 우리 아이는 영국과 스코틀랜드를 30일 간 여행하고 돌아왔다.

그때 13살짜리 사촌동생을 데리고 함께 여행했다. 그 여행은 어려운 일이었지만 그들에게는 중요한 경험을 제공했다. 수년 후에 시의원으로부터 랜니의 공군 사관학교 입학 축하 전보를 받을 수 있었다.

자아상은 자신감을 포기하거나 고집을 조정하는 것이 아니다. 그것은 우리의 능력과 가치를 알고 그것을 개발하는 것이다. 더욱이 하나님이 우리에게 주신 기회를 알고 그 기회를 살리는 것이다.

4

자신을 바라보는 관점을 바꾸는 다섯 단계

토마스 해리가 〈리더스 다이제스트〉에 쓴 글 중에서 사람이 변화하는 데 필요한 세 가지를 실은 적이 있다. 첫째는 자신이 상처를 받은 것이며, 둘째는 상처로 인한 실망과 낙담을 경험하는 것이다. 그러면 셋째로 자신이 변해 있음을 알게 된다는 것이다.

자신의 자아상은 바꿀 수 있다. 이제 생의 권태로부터 벗어나야 한다. 마음의 상처에서 벗어나라! 그리고 우리는 변할 수 있다는 것을 알고 우리 자신에 대해 그런 느낌을 가지는 것이 중요하다.

(1) 마음의 양식

우리는 우리 마음의 양식을 바르게 찾아야 한다. 읽을 것? 들을 것? 무엇을 우리 마음에 둘 것인가? 어떻든 우리는 무엇인가를 읽으며 산다. 우리는 우리가 보는 것에 의해 마음이 결정된다.

우리는 어디서 우리의 마음에 필요한 것을 얻고 있는가?

컴퓨터를 사용하는 사람들은 "GIGO"라는 말을 사용한다. 컴퓨터에 쓰레기 같은 자료를 넣으면 쓰레기 같은 답을 얻는다는 뜻이다. 우리의 두뇌도 마찬가지이다. 우리의 두뇌는 두뇌에 저장된 것을 내놓는다. 잘못된 정보를 입력하면 잘못된 결과를 내놓는다.

이사야 26:3에 "주께서 심지가 견고한 자를 평강에 평강으로 지키시리니 이는 그가 주를 의뢰함이니이다"라고 한다. 또 로마서 12:2에 "너희는 이 세대를 본받지 말고 오직 마음을 새롭게 함으로 변화를 받아 하나님의 선하시고 기뻐하시고 온전하신 뜻이 무엇인지를 분별하도록 하라."고 한다. 우리는 우리 마음에 새로운 것을 입력시키므로 변할 수 있다.

나는 미국 사람이 연평균 311달러를 몸치장에 사용한다는 것에 놀랐다. 가족당 연 1,244달러나 사용하는 것이다. 그 비용을 이발소, 미장원, 크림, 스프레이, 면도기 등에 사용한다. 생각해 보라! 우리가 좋은 정보를 듣기 위해 얼마나 돈을 투자하고 있는지. 바울은 그의 동역자 디모데에게 "네가 올 때 내가 드로아가보의 집에 둔 겉옷을 가지고 오고 또 책을…"이라고 부탁했다.

특별히 휴대용 녹음기의 발명은 하나님의 선물이다. 녹음기는 우리 마음의 양식에 많은 도움을 준다. 운전을 하면서 마음의 양식이 되는 말씀을 들으라. 매일 평균 이십여분을 듣는다면 과거의 부정적인 방법으로 허비했던 시간보다 훨씬 보람되게 보낼 수 있다.

만일 부정적인 생각이나 자아상을 가지고 있으면 아침 신문을 보지 말라. 신문의 대부분은 부정적인 기사이며 아침 첫시간에 그런 부정적 생각을 입력시키는 것은 생을 부정적으로 이끈다. 우리의 자아상을 바꾸려면 우리가 매일 섭취하는 마음의 양식을 긍정적이고 새로운 생각들로 바꾸어야 한다.

(2) 영의 양식

사람들은 하나님과 함께 할 때에 희망적이고 좀 더 나은 자아상을 가질 수 있다. 우리는 계속된 영의 양식을 필요로 한다. 우리는 쉽게 성경공부를 할 수 있다. 교회나 신학교 또는 지역교회를 통해 성경 공부를 할 수 있다. 우리는 영의 양식을 위하여 노력해야 하며, 섭취함으로써 영적 성장을 할 수 있다.

1957년 캐논 해변에서 있었던 성경공회의에서 어떤 남자가 교사에게 질문한 것을 예로 들겠다. 그 남자는 그의 영적 생활을 위하고 성장시키는 것에 관해 물었다. 답변을 하는 여선생님은 정중하게 그리고 강하게 다시 물었다.

"당신은 당신의 육신의 생활을 유지하기 위하여 몇 번이나 식사를 하십니까?"

"나는 아침, 점심, 저녁을 먹으며 저녁에 TV를 보면서 간단하게 간식을 먹습니다."

"그러면 당신의 영혼을 위하여서는 몇 번이나 영의 양식을 먹습니까?"

"글쎄요"라고 그 남자가 얼버무리자 "그게 문제입니다."라고 여선생님은 말했다.

당신의 몸은 토실토실 살이 많으나 영혼은 파리하게 말랐다. 그렇기 때문에 우리는 우리의 영의 양식을 위하여 듣고 읽고 공부해야 한다. 내가 좋은 방법을 소개하겠다.

성구 암송 구절 모음을 사라. 그리고 매일 한 장씩 읽으라. 그러면 한달이면 31장을 공부할 수 있다. 그 성구는 우리의 하루의 삶을 풍족하게 해줄 것이며 당신의 마음의(영의) 양식이 된다.

플톤 쉔은 "우리의 마음은 시계와 같아서 매일 태엽을 감아줘야 한다."고 말했다. 우리는 매일 마음을 위하여 영의 양식을 섭취해야 한다. 루스벨트도 다음과 같은 말을 했다. "현명한 사람의 열 명중 아홉은 그들이 현명하게 시간을 계획하고 사용하였다."

(3) 육신의 양식

내 생애에 부끄러운 이야기를 하나 하겠다. 한때 나는 255파운드나 몸무게가 나갔다. 지금은 216파운드이다.

나는 가정용 중고 저울을 하나 구입하여서 체중조절을 위해 사용했다. 저울 눈금이 조금씩은 왔다갔다 하기 때문에 하루에 세 번 무게를 측정한 후 평균을 냈다. 만일 체중이 증가하는 추세이면 음식을 조금만 먹었다.

그러나 문제는 여행할 때였다. 여행중에는 식당에서 세 끼를 먹게 되므로 어려움이 있었다. 그래서 나는 아예 메뉴를 펴보지 않고 아침은 참외 한쪽이나 작은 머핀 하나 또는 자몽을 주문했다.

생일날이나 돼야 퍼지센터 아이스크림을 먹었다. 달콤한 설

탕뿐 아니라 빵, 감자, 부침류, 팝콘 등도 문제였다. 파이는 절대 먹지 않았다. 우리는 우리의 체중을 조절해야 한다. 그러려면 먼저 음식을 조절해야 한다. 체중조절을 위해서 무엇을 어떻게 먹을 것인가를 생각해야 한다. 다른 사람에게 핑계댈 수 없다. 손에 들고 있는 포크는 종국적으로 그 포크가 먹는 것에 사용될 뿐 아니라 우리 자신을 죽이는 행동이다. 우리가 우리의 체중을 조절하려면 우리는 좀 더 나은 자아상을 가질 수 있어야 한다.

(4) 구경꾼이 아니라 참가자가 되라.

좋은 자아상을 가지려면 구경꾼이 아니라 경기의 참여자가 되어야 한다. 인생을 방관자로 살지 말라! 그러나 불행히도 우리는 많은 시간을 구경꾼으로서 보내고 있다.

우리가 바빴던 시절에 아내와 나는 우리 아이가 TV를 보는 것을 아기보는 한 방법으로 여겼다. 만화를 잘 보는데 중간 중간 선전시간에는 말싸움하고 다투는 내용이 나오곤 한다. 그러면 아이들에게 나가서 자전거를 타고 놀라 하고는 TV를 꺼버린다. 한 시간쯤 자전거타기 등 운동을 하고 돌아온 아들을 보면 그 모습이 변해 있음을 알 수 있었다.

운동은 우리 몸에 활력을 심어준다. 우리는 어떤 일에 참가자가 되었을 때 우리가 변하고 있음을 알게 된다. 내 자신도 수영, 산보, 골프, 요트, 스키, 농구, 야영, 등산, 정원 정리, 볼링 같은 취미 생활을 마치고서 돌아오면 마음에 기쁨을 느끼게 된다.

(5) 하나님의 일하심을 받아들이라.

우리는 우리 주변의 모든 환경적인 요인들이 변할 수 있다고 생각해선 안된다. 바울은 육체의 가시를 가졌기 때문에 그의 영혼이 성장할 수 있었다. 분주한 사람들은 세상에 변할 수 없는 것이 있다는 것을 모르고 산다.

나는 목사로서 다음과 같은 질문을 많이 받는다. "왜 하나님은 내게 이 일을 맡기시는가? 나는 옳게 살았는데!" 대답은 믿음이다.

우라 어머니는 그림 맞추기를 좋아했다. 내가 처음 시작할 때 보면 저것을 다 맞출 수 있을까 생각되지만 결국 맞추면 좋은 그림이 된다. 우리는 우리 마음에 앙금이 남는 일을 해서는 안된다. 나는 아내와 토의를 할 때도 상대의 마음을 바꾸려 하지 않는다. 단지 상대의 마음을 이해하려 노력한다. 우리는 하루 하루의 삶이 연결되어 전체의 삶이 되어야 함을 알아야 한다. 우리가 바꿀 수 없는 것을 가지고 고민하거나 떠들지 말자.

(6) 점검표의 사용은 당신의 삶을 향상시킨다.

지금 당신이 바꿀 수 있는 것들의 항목이 있다. 당신의 자아상을 뒤돌아 볼 수 있을 것이다.
① 집 구석 구석을 깨끗이 하라.
② 사무실을 깨끗이 하라.
③ 당신의 차를 깨끗이 하라.

④ 사용하지 않거나 입지 않는 것은 버리라.

⑤ 당신의 협력자와 연락을 유지하라.

⑥ 고장난 물건들이 없도록 하라.

⑦ 빚진 것이 있으면 갚으라.

⑧ 빌린 것을 돌려 주라.

⑨ 가계부 발란스를 유지하라.

⑩ 가족의 경제상태를 점검하라.

⑪ 개인 화일을 만들라.

⑫ 세금을 잘내고 계산하라.

⑬ 금전출납부를 사용하라.

⑭ 오랜동안 끝내지 못한 일을 끝내라.

⑮ 하루가 가기 전에 다음 양식을 위하여 읽고 들으라.

(7) 자아상과 관련된 구절들

• "너는 여호와 네 하나님의 성민이라. 네 하나님 여호와께서 지상 만민중에서 너를 자기 기업의 백성으로 삼으셨나니"(신 7 : 6).

• "내가 주께 감사함은 나를 지으심이 신묘막측하심이라. 주의 행사가 기이함을 내 영혼이 잘 아나이다"(시 139 : 14).

• "나 여호와가 옛적에 이스라엘에게 나타나 이르기를 내가 무궁한 사랑으로 너를 사랑하였는고로"(렘 31 : 3).

• "너희는 다시 무서워하는 종의 영을 받지 아니하였고 양자의 영을 받았으므로 아바 아버지라 부르짖느니라"(롬 8 : 15).

- "이들은 내가 복음을 변명하기 위하여 세우심을 받은 줄 알고 사랑으로 하나"(빌 1 : 16).
- "너희는 오직 택하신 족속이요 왕같은 제사장들이요 거룩한 나라요 그의 소유된 백성이니 이는 너희를 어두운 데서 불러내어 그의 기이한 빛에 들어가게 하신 자의 아름다운 덕을 선전하게 하려 하심이라"(벧전 2 : 9).

(8) 자아상에 관한 금언들

- 당신이 변하기 시작하면 당신은 변한 것이다. ―부루스 바톤
- 자신감 그 자체는 가치가 없다. 그러나 일을 시작하면 가치가 있다.　　　　　　　　　　　　　　　　　　　　　　　　　―미상
- 모든 사람은 무엇인가에는 무지하다.　　　　　　　　　―로저
- 성공은 소질이 아니라 자세에 달려있다.　　　　　　　―미상
- 최고가 되기 위해서는 자신과 끊임없는 투쟁이 필요하다.
　　　　　　　　　　　　　　　　　　　　　　　　　　　　―미상
- 당신의 야망을 축소하려는 자와 가까이 하지 말라. 그것은 소인배의 행동이다.　　　　　　　　　　　　　　　　―마크트원
- 칭찬 한 마디로 한 주일을 살 수 있다.　　　　　　　―마크트원
- 하나님은 두려워하지 않는 사람을 사용하지 않으신다.
- 성경에 먼지가 쌓인 사람은 인생을 깨끗하지 못하게 산다.
　　　　　　　　　　　　　　　　　　　　　　　　　　　　―마크트원
- 윈스턴 처칠의 비서로 면접하러 온 사람에게 처칠의 삼촌은 말했다. "당신은 다섯 시간 내에 처칠의 모든 단점을 발견할

것입니다. 그러나 그의 장점은 당신의 평생을 통하여 알 수
있습니다."   －미상

• 진정한 친구는 당신의 단점을 지적하지 않으며 당신의 장점을
격려한다.   －미상

• 하루 하루의 성공적 삶은 전체를 성공으로 이끈다.   －미상

• 책을 읽을 여건에 있는 사람이 책을 읽지 않으면, 결코 그
사람은 책을 읽을 여건이 되지 못하는 사람만 하지 못하다.
                                              －미상

• 당신이 할 수 있는 일은 처해진 위치에서 당신이 가능한 모든
수단을 동원해 시도하라.   －루스벨트

제 2 장
목표를 어떻게 세우고 유지할 것인가?

1

생각을 확장시켜라

　이제부터는 목표 설정을 고려하기 시작할 때에 자신의 마음을 무제한의 상태에 있도록 하라. 목표를 성취한 사람들은 그들 자신의 생각들을 제한하지 않았다.

　다른 사람들은 하나님이 그들에게 연회를 베풀고 싶어 하실 때 거기에 머물기를 더 좋아한다. 그러나 더 큰 목적을 아는 사람들은 최상보다 덜한 것을 위해서는 안주하지 않는다. 우리는 항상 잔인한 결과를 받아들일 각오가 필요하다. 오비드(Ovid)가 언젠가 "하나님은 천국과 별들을 향해 위를 바라보도록 하기 위해 인간에게 고상하고 정직한 바람을 주셨다"고 말했다.

　더 큰 목적을 이룬 대부분의 성취자들은 공통되게 확실한 공통점을 가지고 있다. 의사인 사람들의 50%는 그들이 열두 살이 될 때까지 이 전문직을 목표로서 선택한다. 시카고 지역에 사는 내 친구의 한 아들은 놀랄 만한 심장 외과 의사이다. 그의 어머니는 그가 3살되던 때에 의사를 만들기로 결정했는데, 그도 마음을 결코 바꾸지 않았다고 말했다. 목표가 정해진 사람들은 목표달성을 향한 능력, 노력, 그리고 에너지의 집중이 있다. 목표가 있는 생활은 개인의 삶을 목표의 성취에 초점을 맞춘다.

더글라스 맥아더(Douglas MacArthur) 장군은 필리핀에서 후퇴하여 떠날 때 기억할 만한 성명서를 만들었다. 그것은 "나는 돌아오겠다"라는 그의 작별의 말이었다. 그의 부하들을 안전하게 데리고 나가기 위해 파도를 헤치고 나아가는 PT보우트가 속도를 높이고 있을 때 맥아더 장군은 이미 그 목표를 완벽하게 수행할 계획을 세워 놓았다. 그 순간으로부터 그의 하루 중 깨어있는 모든 시간은 군대를 훈련시키고 해군을 발진시키고 공군력을 확보하며 국가의 힘을 동원하는 데 쓰였다. 그것은 한 가지 일, 즉 그가 떠나왔었던 곳으로 돌아가기 위해서였다.

목표가 정해진 사람들에게 하나님의 말씀은 충분하다. 예를 들면 모세는 그가 80세가 될 때까지 그의 삶의 초점이 있었던 것같아 보이지 않는다. 당신은 너무 나이가 들어서 목표를 세울 수 없는 것이 결코 아니다. 오랫동안 하나님과의 논쟁후에 모세는 결국 이스라엘 노예들을 애굽의 속박에서 풀어나도록 조직하고, 그들을 자유롭게 하며, 약속받은 땅으로 사막을 가로질러 행진하도록 하나님이 그를 쓰려고 하는 것을 이해했다.

40년이 흐른 후에 그의 나이 80세가 되어서야 그일은 이루어졌다. 출애굽의 여정에서 그의 아내와 장인이 그에게 대항했을 때도 모세는 목표로부터 이탈하여 옆걸음을 걷지 않았다. 심지어 그의 오른팔이며 대변자인 그의 형 아론조차도 그에게 대항했으나 모세는 그의 목표를 잃지 않았다. 결국 모든 사람들이 그가 시내산 위에 있는 동안에 그에게 대항하였다. 그러나 모세는 하나님과 목표를 위해 확고하게 서 있었다. 역사와 하나님의 말씀은 우리에게 그가 기어코 그 일을 이루었음을 말해준다.

내 아들이 열두 살이었을 때 그가 믿는 하나님이 그에게 공군사관학교에 다니게 하려는 목표를 주었다는 것은 뜻깊은 일로 생각한다. 열두 살때의 목표 설정은 그 목표에 그가 도달할 때까지 그때부터 그의 인생에 목적과 초점을 주었다.

성공동기부여협회의 폴 메이어(Paul Meyer)는 "당신은 열렬히 바라고 진심으로 믿고 활발히 상상하고 필연적으로 걸어야 할 것에 열광적으로 행동하는가?"라고 말했다. 이 말은 거의 히브리서 11：1의 말씀과 같다. 믿음이란 무엇인가? 그것은 우리가 바라는 것이 일어날 것이라는 자신에 넘친 확신이다. 비록 우리가 앞을 내다볼 수 없을지라도 우리가 바라는 것들이 우리를 기다리고 있다는 것은 확실하다. 물론 우리가 열렬히 바라는 그런 것들이 또한 우리를 위한 하나님의 의지임에 틀림없다. 그것은 나중에 논의할 것이다.

아브라함 링컨은 그가 다음과 같이 말했을 때 마음 속의 목표에 대한 방향 설정이 되었음에 틀림없다. "일은 기다리는 자에게 올지도 모른다. 그러나 단지 그 일은 열심히 일하는 사람들에게 남게되는 것이다."

2

목표는 목적 아래에 세워진다

우리는 사업이나 가족 또는 인생과 같은 어떤 것을 위해 구체적인 목표를 정할 수 있기 전에 정해진 목적이 있어야 한다. 우리가 목표를 향한 여로에서 지칠 때 잘 정리되고 충분히 가치있는 목적은 그 일을 계속 추진할 수 있는 동기를 부여하게 된다. 많은 학교, 교회, 가족 그리고 개인들이 목표를 세우는 데는 힘쓰나 프로그램의 목적을 밝히는 데는 무심한지 놀라지 않을 수 없다.

각 개인은 자신의 삶의 목적을 충분히 생각하고 기도할 시간을 가질 것이 요구된다. 오직 하나님만이 결국 우리의 삶을 위한 목적과 계획이 정말 무엇인지 아신다. 그러나 우리는 우리가 삶의 목적으로 믿는 그것이 바로 목적이라는 어떤 결론에 이르게 된다. 그 목적은 기록되어야할 필요가 있고 우리의 초점의 일부가 되어야 한다.

나는 때때로 내 인생의 목적을 설정하기 위하여 생각하느라 몇 주가 걸렸다. 나는 그것이 내 인생에 관해서 하나님을 기쁘시게 하는 것이 되었다고 만족스럽게 여겨질 때까지 그것을 쓰고 다시 썼다.

내 인생의 목적은 사람인 하나님의 아들 예수를 통하여 하나님 아버지를 알고자 하는 것이다. 그가 내 생활을 관리하는 것이고 하나님이 주신 기회에 나의 능력을 결합시키며 명예와 포상, 그리고 하나님의 영광을 위한 연합으로부터 유래되는 것으로 활용하는 것이다.

당신의 삶을 위한 목적을 기록하기를 지금 당장 결심하고 천천히 하라. 무언가 쓰라. 하루나 이틀 동안 그대로 두고, 다시 그것에 돌아가라. 그것에 관해 기도하고 그 다음에는 다시 쓰라. 그것을 잘 두었다가 다시 보라. 그리고 삶을 위하여 당신의 목적이 만족스러운 정도에 이르게 될 때까지 그 과정을 계속하라. 목적을 명확히 하게 되면 의사 결정이 더 쉬워진다. 어떤 일은 그것에 관해 더 이상 기도하지 않아도 된다. 어떤 일이 내 인생의 목적에 맞지 않는다면 나는 간단히 내마음에서 그것들을 지워버린다.

한 예로서 내가 최근에 대학 캠퍼스의 부설 예배당을 지나갈 때 학장이 문 밖으로 나오면서 나를 보고 말했다.

"아 아! 감사합니다. 다행히 여기 계시는군요."

"무슨 일이죠?"

내가 물었다.

"나는 예배당에 350명의 학생을 앉혀 놓았는데 연설자가 나타나지 않습니다. 학생들에게 무언가를 나누어 줄 수 있겠습니까?"라고 그가 요청했다.

"물론이죠."라고 나는 대답했다.

내가 "예"라고 말한 이유는 나는 많은 사람들 앞에서 말하는 능력이 있고 나누어 줄 수 있는 어떤 통찰력이 있었기 때문이었다.

그 기회는 내게 유용하게 되었다. 그리고 그것은 내 인생의 목적 안에 있었다. 그것에 관한 어떤 준비도 필요하지 않았다. 내가 안으로 걸어갈 때 누군가가 학생들에게 연설해줄 것을 내게 요청한다면 그렇게 빨리 "예"라고 대답할 거라고는 생각지 않는다. 나는 더 어린 학생들에게 이야기를 잘할 능력은 없다. 나는 그 또래의 어린이들과의 대화가 곤욕스럽다.

전체 학급을 데리고 와서 내 보우트에 타고 우리는 항해하러 갈 것이고 멋진 시간을 보낸다고 하자. 휴식을 위해 그들과 함께 나가서 우리는 서로 즐길 것이다. 나는 어린이들을 사랑한다. 그러나 집단인 그들에게 말하고 그들의 주의를 모으고 의미 있는 만남을 만드는 능력을 나는 갖고 있지 않다. 만일 내가 그와 같은 약속을 받아들였다면 그것을 준비하느라고 전후 며칠 동안 밤잠을 설치게 될 것이다.

내 인생의 목적을 명확히 한 이래로 목적에 맞지 않는 일에 대해 그와 같은 약속을 지키지 않는다고 해서 죄의식을 느끼지는 않는다. 어떤 기회가 있든지 하나님을 명예롭고 영광되게 하는 것이 아니라면 그런 일은 간단히 거절할 수 있어야 한다. 만일 당신이 훌륭하게 노래하는 목소리를 갖고 있고 그것의 목적이 당신의 노래로 하나님의 영광을 찬미하기 위한 것이라면, 누군가가 당신에게 철근으로 기계를 제조하는 공장에서 일하도록 해주더라도 아마도 그것을 받아들이려 하지 않을 것이다. 왜냐하면 당신이 시끄러운 제조 공장 일을 하게 되면 음악을 위한 당신의 귀가 아마도 파괴될 것이기 때문이다.

3

무엇이 목표인가?

나는 몇 년 동안 목적 설정의 주장자였다. 많은 책들이 그러한 주제로 쓰여졌고 아마도 많은 저자와 언변가들의 수만큼 많은 목표에 대한 정의가 있다. 나는 내가 찾은 어떤 정의에도 완전히 만족하지 못했다. 그래서 내 자신의 것을 만들었다. 그 자신의 설교를 써서 한 사람이라도 동의자를 얻은 설교자처럼 나는 내 자신의 정의를 썼다.

목표란 어떤 계획의 끝점이다. 계획을 갖고 있지 않다면 그는 목표를 갖고 있지 않은 것이다. 당신이 생각이나 아이디어를 갖고 있었을지도 모르나 계획이 없으면 목표를 갖고 있지 않은 것이다.

때때로 사람들은 그들의 비전이나 꿈에 관해 이야기한다. 너무나 자주 모든 꿈이 악몽으로 변해버리는 것을 나는 보아왔다. 그 꿈들이 계획에 의해 수행되었다면 그 계획은 목표를 이루었을 것이고, 악몽은 피할 수 있었을지도 모른다. 나는 공상가의 꿈들이 많지만 그것들이 악몽으로 변해버리는 것을 보는 것으로부터 나의 정의를 발전시켰다. 1964년 이래로 나는 많은 크리스천 단체들을 위한 기금 모집 활동에 관여하게 되었다. 기금모집은 흥미롭다. 나는 오래 전부터 단체의 비리가 터져나오기 시작하는 집단에는 보통 함께하지 않았다. 그러한 일들은 계획도 없이 목표라고 말하는 어떤 고상한 비전만 가지고 일을 할 때 발생한다는 흥미있는 사실을 발견하였다.

"사람이 마음으로 자기의 길을 계획할지라도 그 걸음을 인도하는 자는 여호와시니라"(잠 16:9). 성경은 우리를 지시하시는 하나님께 의지하는 계획을 가져야 한다고 가르친다. 나의 계획된 활기있는 세미나와 삶의 주제는 "집은 지혜로 말미암아 각종 귀하고 아름다운 보배로 채우게 되느니라"(잠 24:3~4)는 잠언의 말씀이다.

어느 기업이든 현명한 계획에 의해 세워지고, 명철을 통해 강해지며 사실과 함께 함으로써 훌륭하게 유익이 된다. 목적 설정자들이 큰 목적을 이룬 성취자가 된 중요한 이유 중의 하나는 실제 목표 설정자들이 목표를 이룰 수 있는 계획을 세우기 때문이다.

만약 당신이 목표를 세우고도 그것을 이루어가지 못한다면 목표에 대해 계획을 세우지도 않았거나 적합한 계획을 세우는 방법을 이해하지 못하고 있는 것이다. 이제 우리는 한 걸음 한 걸음 목표를 세우는 방법과 그 목표를 이루기 위한 계획을 만드는 방법을 순서에 따라 살펴보게 된다.

4

어디에 목표를 세울 것인가?

대단히 많은 사람들이 그들의 사업을 위해 또는 그들이 소속된 조직의 일원으로서 목표를 세우지만, 그들 개인과 가족의 삶에 대한 목표를 세우는 데에는 별로 관심을 갖지 않는다는 것은 놀라운 일이 아닐 수 없다.

보잉사의 한 관리가 내가 시에틀에서 발표했던 세미나에 참석했다. 나중에 그는 그의 목사에게 "나는 일에서는 항상 목표를 세웁니다. 그렇지만 나 자신을 위해 영적인 목표를 세우려는 생각을 전혀 하지 않았습니다."라고 말했다고 한다.

회사는 그들의 사원을 세미나에 보내고 그들이 목표 설정에 관하여 어떤 것들을 배울 것이라고 기대하면서 사흘이나 일주일 동안 호텔에서 숙박시키는 데 수천 달러를 쓸 것이다. 그러나 그의 직원들을 위해 세미나를 개최하도록 한 그 사람도 자신의 아이에게 목표를 세우도록 가르칠 시간을 내지 않는다. 그후 어느날 그 아이가 대학에 입학하거나 취직하게 되었을 때, 누군가가 그 아이에게 무엇을 하고 싶어하는지 물으면 그는 대답을 하기 어렵게 될 것이다.

우리 나라가 농촌지역이며 대부분의 사업들이 마을 대장간 같은 가내 사업에 종사할 때에 아이들은 그들의 부모와 일을 함으로써 배웠다. 그들의 목표 설정과 성취 과정은 단순히 그들의 삶의 일부분이었다. 그러나 오늘날 부모들은 일찍 일어나서 작업복이나, 정장, 또는 간편한 겉옷을 입고 집을 나서서 일을 하러 어디론가 간다.

내가 자라오는 전기간 또는 어른이 되었을 때, 나는 나의 아버지가 일했던 곳을 볼 수 없었으므로 아버지가 무엇을 하는지 정확히 알지 못했다. 아버지는 제지 공장에서 일했다. 나는 그가 훌륭하고 숙련된 기술자라고 들었으나 그가 일하는 모습을 보지 못했다.

나의 장남인 데이빗은 목표를 정했다. 모든 사람들은 이구동성으로 젊은이들이 내 집을 마련하기 어려울 거라는 말을 한다. 그러나 나는 그것을 믿지 않는다. 데이빗과 그의 아내 아알린은 1980년 겨울에 결혼했다. 그들은 신혼여행의 일부를 콘도미니엄에서 보냈다. 그들이 만나기 전 그들은 자신의 집을 가지는 목표를 각자 갖고 있었다. 그들은 그 목표와 물자를 공동 출자하였고, 결혼해서 6만 달러짜리 자신의 집으로 이사했다. 목표를 설정한다는 것은 성취의 대가를 얻도록 지향하고 돕는 것이 된다. 우리는 우리 마음이 다른 사람이 말하는 것에 의해 제한받도록 해서는 안된다.

(1) 영적인 목표

모든 사람은 일 년의 목표를 세울 필요가 있다. 대부분의 사람들은 성장할 계획을 세우지 않기 때문에 자라지 않는다. 너무나 오랫동안 사람들은 교회에 다녔고 들었고 그들의 문제를 풀어줄 영적인 성장을 기대했다. 대부분의 사람들이 영적으로 성장하고자 하지만 영적인 성장을 위해 계획을 수립하는 바로 그때 성장할 수 있다는 개념을 파악하지 못하고 있음을 확신하게 되었다.

아무것도 기대하지 않는 사람은 좀처럼 실망하지 않는다. 아무것도 하지 않는 데서 생기는 문제는 자신이 끝나가고 있음을 스스로 깨닫지 못하는 데 있다. 어떤 사람은 1월 1일부터 12월 31일까지의 회계년도에 따르기도 한다. 다른 이들은 9월부터 이른 6월까지의 학교의 1년주기에 따라 학교로부터 집으로 해방된 아이들과 떠들썩한 장소에 가게 되는 여름휴가와 관련하여 생활한다.

나는 연말 휴가후 새해를 시작하는 것으로 휴가와 관련된 생활을 한다. 우리는 대개 북서해에서 항해하기에 날씨가 꽤 좋은 때인 7월 하순이나 8월 초순에 휴가를 얻으려고 노력한다. 1년 내내 나는 다가오는 해에 하고 싶은 것들에 관한 노트와 스크랩을 보관한다. 항해할 동안 다가오는 한해 동안 무슨일을 할 것인지 계획한다. 휴가가 끝나게 될 때, 나는 다음 열두 달 동안 내 목표를 정하게 된다.

지난해의 나의 영적인 목표는 신앙심이 없고, 저주하고 하나님께 버림받은 두 명의 사람들과 친해지는 것이었다. 가끔 나는 믿는 사람에게 너무 둘러싸여 있는 나 자신을 느낀다. 그리스도인의 과업에서 때때로 우리가 접근해야 하는 바로 그 사람들로부터 우리 자신을 분리시키기는 쉽다. 아마도 우리는 예언 능력을 공부하거나 성경 연구의 새로운 방법을 배우는 영적인 목표를 설정할 것이 요구된다. 우리가 기도하는 자로서 그것에 관해 모든 것을 배우며 그 방법을 연습하는 것으로 한해를 보낸다면 훌륭한 일일 것이다.

우리는 그리스도인의 삶에 관해 진지해야 한다. 아마도 올해는 우리 교회의 몇몇 새가족들에게 우리가 공헌해야 하는 해일 수도 있다. 우리는 그들에게 저녁식사를 제공하고 야유회에 함께 가며 그들을 공놀이에 끼워주는 계획을 세워야 할지도 모른다. 우리가 개별적 구성원으로서 1년에 대한 영적인 목표를 하나 하나 세운다면 우리의 교회가 어떠할 것인지 상상할 수 있겠는가? 당신이 목표를 세울 때 당신은 계획이 있어야 한다는 것을 기억하라. 뒷장에서 우리는 목표를 세우고 이루는 방법을 정확히 알게 될 것이다.

(2) 사회적인 목표

만일 당신이 지난 30일 또는 60일 동안 누군가의 집에 초대되었다면 그것은 아마도 그들이 당신보다 우선적으로 계획했기 때문일 것이다. 당신이 어떤 사람들을 저녁 파티에 참석케 했다면 그것은 그 사람들의 뜻보다 그렇게 하려는 당신의 계획의 결과이다.

목사로서 나는 여러 번 다음과 같은 말을 들었다. "목사님 저는 무척 낙심했습니다. 저희는 어느 곳에도 가지 못합니다. 제 남편은 저녁식사에 저를 데리고 가지 않습니다." "저희는 누구보다도 불리합니다. 저희는 어떤이의 집에도 갈 수 없습니다."

우리는 그런 일들이 바로 일어나지는 않음을 이해해야 한다. 누군가는 그들을 위해 계획해야 하는 것이다. 친구가 있는 사람들은 다정해지는 것을 연구하라. 지친 사람들과 친구가 되는 목표를 세우는 것이 어떨까? 그들의 경험의 세월로부터 배워야 할 것들이 많이 있다. 그 경험은 우리가 옳게 일하고 있다면 영적인 목표와 일치할 수 있다.

나는 내 아내와 같은 성경협회에서 일하고 있는 동안에 특이한 구혼을 했다. 여름이 끝나기 전 우리는 약혼하고 그 해가 가기 전에 결혼했다. 그 결과로써 우리가 함께 살기 시작했을 때 우리는 서로를 잘 알지 못했다. 그녀가 오페라를 좋아했다는 것을 알게 된 나는 얼마나 어리둥절했는지 당신은 상상할 수 없을 것이다. 나는 그랜드 오울 오프리를 좋아했다. 우리의 사회적인 목표의 일부는 내 아내가 즐기는 것들에 관하여 관심을 갖는 것이다.

결혼한 부부들은 항상 그들의 배우자가 가고 싶어 하는 곳이 있는지, 사회적인 욕망중 실현되지 못한 것이 있는지 물어 봐야 한다. 부부는 서로 상담해야 하고 토의된 일에 대하여 어떤 사회적인 목표를 세워야 한다.

혼자인 사람에게는 결혼한 사람보다 사회적 목표를 세우는 것이 훨씬 더 중요하다. 많은 경우에 혼자인 사람은 자신의 세계 속으로 움츠리기 때문이다. 그러나 그들이 만일 어떤 목표를

기꺼이 세운다면 이런 일은 일어날 리가 없다. 세계의 목표 설
정자들의 모범적 격언은 "당신의 일을 계획하고 계획된 것을
위하여 일하라."는 것이다.

(3) 가족의 목표

내가 아이들이 있는 집안에 갈 경우 그들의 부모의 목표에 관한
질문을 자주 한다. 그들은 자기 아이들과 함께 이루기 위해 무엇을
애쓰고 있는가? 많은 사람들은 어느날 그들이 살 집, 입을 옷,
학교 공부, 먹을 음식, 그리고 재미를 위한 소년야구 리그를 제
공하면 그들이 부모라고 느끼는 것 같다. 그러나 이것은 마련해
주는 것뿐이고 필연적으로 부모로서의 역할은 아니다. 부모는
아이가 성숙한 어른이 되도록 준비하는 것이다. 부모는 아이가
자기 훈련이 무엇인가와 그것을 연습하는 방법을 이해하도록
노력을 해야 한다.

꽤 여러번 우리는 그 절을 인용했던 것으로 안다. "마땅히 행할
길을 아이에게 가르치라. 그리하면 늙어도 그것을 떠나지 아니
하리라"(잠 22:6). 나에게 이 구절의 의미는 아이가 부모에게
순종하는 자기 훈련을 배운다면 그 다음에 그가 어른이 되었을
때 그는 하나님께 순종하는 자기 훈련을 할 것이라는 것이다.
부모가 그의 아이들에게 할 수 있는 가장 지독한 처사는 그들에게
자기훈련을 가르치는 데 실패하는 것이다. 아이들은 성경의 백
개의 구절을 알고 있는지도 모른다. 그러나 그들이 자신에게
적용하기에 충분히 자기 훈련이 되지 않는다면 그들에게 무엇이

좋은 것인가?

우리 결혼의 초기에 메리와 나는 부모되는 과정에서 세 가지 목표를 세웠다. 우리는 두 아들을 두었다. 우리는 어느 날 그들이 그들 자신의 타고난 권리로 어른이 되고, 그들 자신의 타고난 권리로 남편이 되고, 아마도 마찬가지로 아버지가 되어야 한다는 것을 알았다. 그들이 이것을 순서 바르게 이루기 위해 확실한 일이 일어나야 한다는 것을 우리는 느꼈다.

첫번째로, 그들은 우리에게 의존하지 않아야 하는 것을 배울 필요가 있었다. 그들이 우리에게 매달리고 있다면 하나님과 사람들 앞에서 결코 그들 자신의 독립된 개인이 될 수 없기 때문이다. 두번째로, 그들은 하나님께 의지하는 것을 배워야 했다. 언젠가 그리고 영원히 우리는 하나님이 필요하다. 그리고 우리 아이들은 이것을 또한 이해해야 한다. 마지막으로 그들은 자신의 행동을 책임지는 것을 항상 인정해야 한다. 그들은 합리화하고 고상한 것으로 돌리거나 책임을 회피하려는 태도보다 잘못되었을 때 그것을 직면하고 인정해야 한다.

이 책에는 아이를 교육시키거나 목표를 세우도록 아이들을 가르치는 방법이 있는 것이 아니다. 그것은 나의 다음 책과 세미나에 있을 것이다. 그러나 아이들이 용서를 빌면서 "미안합니다."라고 말하며 그의 행동에 책임을 지기를 바란다면 당신도 기꺼이 똑같은 행동을 보여 주어야 한다. 가르침의 최고는 내가 나의 아들에게 "미안하구나. 내가 잘못했다. 나를 용서해다오." 라고 말했을 때이다.

우리 가족의 목표를 충분히 생각할 때 우리는 이 목표를 이루게 하는 데 어떤 종류의 레크레이션이나 휴가가 좋을지 우리 자신에게 물어봐야 한다. 우리는 아이들이 일의 계획을 조심스럽게 충분히 생각해야 하고 그들이 하고 있는 것이 정말로 그들 안으로 어떤 것을 쌓고 있는 것인지 또는 단순히 바쁜 일을 하고 있는 것인지 알아야 한다. 그래서 우리가 그들에게 어떤 것을 가르치고 있다고 생각하는 데서 우리는 기분이 좋기도 하고 우리 자신이 바보스럽게 느껴지기도 한다.

우리 아이들은 그들을 기르는 대부분의 우리보다도 더 건강하고 더 유능하다. 종종 나는 작은 말을 이용하여 보내는 속달 우편배달의 가장 긴 승마 기록은 버팔로 빌로 유명한 윌리엄 코디에 의해 이루어졌다는 것을 생각한다. 그는 그 당시에 열다섯 살이었다. 가족과 부모의 목표를 세우는 것은 우리의 배우자와 아이들을 신뢰하는 데에 기초해야 할 것이다.

열다섯 살에 데이빗은 그의 어머니(맡은 일 때문에 갑판 아래에서는 훌륭했으나 그 때의 항해에 관해 많이 알지는 못했다.)와 열세 살의 남동생과 네 가족을 캐나다 빅토리아로 데리고 갔다. 그들은 그 당시 38피트의 범선인 우리 배에 탔다. 그리고 시에틀에 있는 우리 집에서부터 항해하여 류제트 사운드까지 올라가고 푸카의 산 주앙 해협을 가로질러 빅토리아까지 갔다. 그리고 나서 집으로 돌아오는 도중에 산 주앙 섬을 통과하였다. 2주의 순항 동안에 데이빗은 항해를 맡은 그 배의 선장이었다. 그리고 완전한 책임자였다. 나는 단지 사업 여행 중이었다. 솔직히 그 배는 우리 집보다도 더 비싸다. 하지만 나는 그에게 맡겼다. 왜냐하면 나는 그가 우리에게 의존하지 않고 하나님에게 의지하는 것을 배우고 그 자신의 행동에 책임지는 것을 배우기를 바랐기 때문이다. 우리가 그에게 시도하지 못하게 하면 그는 또한 어떻게 배우려고 했을까? 그가 이것을 할 수 있게 배를 조종하는 훈련을 많이 하였다.

아이들은 우리가 삶에서 가져 볼 수 있을지 모를 가장 큰 즐거움이며 가장 어려운 임무일 수 있다. 그러나 일들이 잘될 때 모든 노력이 가치있게 될 것이다.

(4) 재정상의 목표

모든 개인과 가족은 재정상의 목표가 필요하다. 만일 그것이 지금과 미래에 스스로를 돌보기 위한 모든 사람들의 공감대라면 우리나라는 오늘날 직면한 것과 같은 사회적, 경제적인 투쟁중에 있지는 않을 것이다. 독립하는 것이 옛날처럼 모든 이의 목표는 아니다. 오늘날에는 누군가가 그들을 돌보아 주기를 바라는 사람들이 상당히 많다. 이것은 그들 자신을 그들이 돌보아야 한다는 것을 부모가 가르치지 않은 결과인 것이다. 우리 자신을 위해 재정상의 계획을 만들지 않는다면 아무도 대신하지 않을 것이다.

한번은 회합에서 한 신자가 내게 "하나님은 백합과 참새를 돌보아 주십니다. 하나님은 우리를 돌보아 주시지 않을까요?"라고 말했다. 물론이다. 그것은 하나님이 식물을 가꾸고 수확하기 위한 계절과 그것들을 자라게 할 비를 제공해 주셨던 이유이다. 하나님이 아담에게 말씀하신 것이 오늘날 우리에게 적절하지 않은 것은 아니다.

아담에게 하나님이 말씀하셨다. "아담에게 이르시되 네가 네 아내의 말을 듣고 내가 너더러 먹지 말라한 나무 실과를 먹었은즉 땅은 너로 인하여 저주를 받고 너는 종신토록 수고하여야 그 소산을 먹으리라. 땅이 네게 가시덤불과 엉겅퀴를 낼 것이라. 너의 먹을 것은 밭의 채소인즉 네가 얼굴에 땀이 흘러야 식물을 먹고 필경은 흙으로 돌아가리니 그 속에서 네가 취함을 입었음이라. 너는 흙이니 흙으로 돌아갈 것이니라 하시니라"(창 3 : 17～19).

나는 빌리 선데이(Billy Sunday)의 실천신학을 좋아한다. "당신이 톱과 망치를 주워 판지를 자르고 못을 박기 시작하는 것을 원하지 않는다면 집을 위하여 기도하지 마시오."라고 그가 언젠가 말했다.

재정상의 계획이나 미래를 위한 다른 어떤 종류의 계획을 세우는 것은 죄스러운 것이 아니다. 우리는 계획을 갖고 있기 때문에 성령을 방해하지 않았다. 그는 또다른 방법으로 우리에게 영향을 끼칠 수 있다. 그가 원하지 않는 방향으로 우리가 움직이고 있다면 그 후에 그는 그 진행을 바르게 고칠 수 있다. 목표가 정해졌을 때 항상 더 쉬운 성령의 역사하심을 경험하게 된다.

솔로몬은 현명하게 일에 관해 말했다. "게으른 자여 개미에게 가서 그 하는 것을 보고 지혜를 얻으라. 개미는 두령도 없고 간역자도 없고 주권자도 없으되 먹을 것을 여름 동안에 예비하며 추수때에 양식을 모으느니라. 게으른 자여 네가 어느 때까지 눕겠느냐, 네가 어느 때에 잠이 깨어 일어나겠느냐, 좀더 자자 좀더 졸자 손을 모으고 좀더 눕자하면 네 빈궁이 강도같이 오며 네 곤핍이 군사같이 이르리라"(잠 6 : 6～10).

나는 영적인 사람이다. 내가 아이다호 남파에서 목회사역을 할 때 우리에게 두 아이들이 있었다. 우리는 한달에 238달러의 사역비를 받았고 두 개의 큰 주일학교방에서 살았다. 워싱턴 주 밴쿠버에서 목회할 때는 다른 수입, 연금, 보험금, 자동차공제, 집공제 기타 등등이 없이 단지 월 500달러의 사역비로 시작했다. 그때도 나는 역시 영적인 사람이었다. 가는 곳마다 나는 한편으로 작은 사업을 시작했는데 음식과 아이들의 옷을 사주기 위해서 사람들로부터 무엇이든 얻을 수 있는 곳에서는 연설을 했다. 나는 영적인 사람이었다.

오늘날 나는 워싱턴 호에 낡은 집을 갖고 있고 48피이트의 배위에서 살고 보기에 흉하지 않은 차를 몰고 편안하고 바르게 옷을 입는다. 나는 아직도 영적인 사람이다. 나는 아무것도 없이도 영적인 사람이었고, 어떤 것을 가지고 있을 때도 영적인 사람 이었다. 그 유일한 차이점은 없는 것보다는 약간의 어떤 것을 가졌을 때가 영적이기에 더욱 즐겁다는 것이다. 그 차이는 계획에 있었다.

재정상 우리 가족에 있어서 중요한 것은 우리가 얼마나 많이 버느냐가 아니라, 우리가 버는 것으로 무엇을 할 수 있느냐이다. 이것은 가계에 대한 계획에 대해서도 심도 있게 논의할수록 그 러했다. 바로 지금 우리는 재정적인 목표설정이 우리 미래를 보장할 것이라는 것을 이해하고 사실로서 단순히 받아들여야 한다.

"목표는 계획의 종점이다."라는 말을 기억하라. 그리하여 우 리는 미래를 위해 실속있는 계획을 기꺼이 세워야 한다. 재정적인 목표와 우리 가족의 목표는 나란히 이루어져야 한다. 만약 우리가 항상 동방의 역사적인 관광지나 유럽, 성지 또는 아프리카 여행에 우리 가족을 데리고 가고 싶었다면, 우리를 목표에 이르게 하기 위해서는 재정적인 계획을 시작해야 한다.

나의 목사직의 관점에서 나는 전과자가 그의 삶을 재건설하도록 돕는 시도를 하고 있었다. 우리는 그의 미래에 관해 이야기하고 있었다. "내가 만약 당신이라면 그리고 집이 있고 좋은 아내와 훌륭한 직업, 아이들이 있다면 이것은 모두 너무 쉬울 것입니다."라고 그가 말했다. 나는 머리털이 곤두섰으며 설득했다. 그리고 이렇게 물었다. "왜 당신은 내가 그것들을 가지고 있다고 생각합니까? 그것들이 어디서 왔다고 생각합니까? 아무도 내게 그것들을 주지 않았습니다."

그것들은 계획을 세우고 열심히 일한 결과이다. 재정적인 안정과 보장을 위한 잠재력은 우리가 계획을 세운다면 두 배가 될 것이 세 배가 될 것이며 그 이상이 될 것이다. 내 말을 믿으라. 나는 나와 다른 이들에게서 그러한 일이 일어나는 것을 보았다.

사람들은 우연한 일로 그들 가족의 미래를 보장하려고는 않는다. 그들은 목표를 세우고 계획을 만든다. 재정적인 목표를 세우면 매해 적어도 한 번은 완전한 재정적인 계획서를 만드는 습관을 가져야 한다. 우리가 얻고 있는지, 잃고 있는지 또한 어떻게 할 것인지를 위해서 말이다.

물질은 죄스러운 것이 아니다. 그러나 사람은 그 물질로 죄스러운 일들을 한다. 물질에 대한 갈망은 죄스럽고 문제성이 있다. 결혼이나 부모 역할을 하는 데 있어서 일찍 내 자신에게 세운

규칙중의 하나는 약간의 물질과 관련된 일 때문에 결코 당황해하지 않는다는 것이다. 이런 일들은 항상 고칠 수 있거나 돈으로 정리할 수 있다. 빌리 선데이가 "당신은 돈을 자신의 것으로 할 수 없다. 그렇더라도 그것은 불타고 말 것이다."라고 했던 말을 기억하라.

메리와 나는 우리집을 불태웠었다. 아이들은 배를 손상시켰다. 우리 모두는 자동차 사고를 당했다. 아무도 다치지 않는 한 그래서 어쨌다는 건가? 모두 복구될 수 있다. 그렇다면 그렇게 흥분할 필요가 있는가?

재정적인 목표를 갖는 것은 좋다. 그리하여 목표를 세우기 시작할 때 미래를 바라보면서 우리가 재정적으로 이루고 싶은 상태를 기꺼이 정해야 한다. 하나님의 재림은 절박한 것인지도 모른다. 그러나 그것은 우리가 계획을 짜면서 살지 말라는 것은 아니다. 우리는 마치 우리의 일생이 여기에 있는듯이 목표, 계획을 세우고 일해야 하며, 이것이 우리의 마지막날인 것처럼 살아야 한다.

(5) 정신적인 목표

올해에 우리가 배우려고 계획하고 있는 것은 무엇인가? 몇 개의 과정을 이수하기 위해 저녁에는 대학으로 돌아가는 것이 어떤가? 우리는 배움에 있어서 가장 앞서 있어야 한다. 아마도 독서에는 우리가 느낄 수 있는 문학의 어떤 고전적 부분이 있어서 이익을 얻을 수 있다. 고전은 우리 삶의 일부분이다. 우리는 독서 목록을 만들고 그 다음엔 아마도 일 년에 두 권쯤의 책을 통해 우리의 일들을 해나가도록 해야 한다. 이것은 마음의 양식이 우리 생활을 계획할 때 목표 설정에 영향을 미치게 되기 때문이다.

나는 기계적인 기술과 지식이 거의 없다. 그래서 나의 목표중 하나는 내 범선에 있는 보조물인 구식의 디젤엔진을 적당히 돌보는 방법을 배우는 것이다. 우리가 몇몇 부가적인 연구 과정을 이수한다면 우리 직업에서 우리 자신은 더 훌륭해질 것이다.

시에틀에서 나의 제자로 있었던 사람들중의 한 사람은 큰 백화점의 거대한 창고에서 일했다. 그가 스스로 훈련하려 했던 것과 몇몇 필요한 대학 강의를 받아 경영에 적용하여 발전하게 된 것은 나에게 큰 감동을 주었다. 모든 점에서 그는 그 자신이 배움의 과정을 계속하려는 노력을 하기 때문에 포용력이 더 크고 더 훌륭한 사람이 되었다. 우리는 TV를 끄고 배우기 시작해야 한다. 우리는 방관자가 아닌 참여자가 되어야 한다.

(6) 신체적인 목표

우리는 모두 약간의 어떤 신체적인 목표가 필요하다. 우리는 모두 형태를 이루고 형태를 유지해야 한다. 올해의 체중조절계획에서 우리는 무엇을 성취하길 바라는가? 조깅, 걷기, 또는 다른 것은 어떤가? 해야 할 다른 것을 또한 발견할 수 없다면 그후엔 골프를 해야 할지도 모르겠다.

나는 배우려고 시도했다. 그러나 곧 나는 좌절해서 돈을 지불할 필요가 없다는 결론에 이르게 되었다. 나는 무료로 그것을 할 수 있다. 신체적인 목표중 일부로서 우리는 우리 생활에서 레크레이션에 약간의 주의를 기울여야 한다. 밴스 해브너(Vance Havner)가 "당신이 따라가게 되기 전에 스스로 따라가라"라고 말했다.

예수님은 때때로 군중으로부터 그의 열두 제자를 따로 데리고 가셨다. 그때 예수님은 "잠시 동안 군중으로부터 쉬자"라고 제안하셨다. 너무 많은 사람들이 오가고 있었기 때문에 그들은 간신히 먹을 시간을 가졌다. 그래서 그들은 조용한 장소를 향해 배를 타고 떠났다.

앉아서 일하는 사람들은 신체적인 것으로부터 얻을 수 있는 정신적이고 감정적인 해방이 특히 필요하다. 우리 모두는 어떤 형태로든 일에서 잠시 해방될 필요가 있다. 우리는 그것에 대해 죄책감을 느껴서는 안된다. 왜냐하면 그것은 우리 일생의 목표에 필요하기 때문이다. 기분 전환을 위해 일에서 떠나는 시간을 갖는 것을 좋게 생각해야 한다. 만일 우리가 며칠 동안이나 몇 시간 동안 체제를 벗어나 우리의 체중을 관리하며, 운동도 하게 된다면 우리는 더 열심히 일할 것이다. 그리고 더 잘 해낼 것이며, 더 참을성이 있게 되며, 일반적으로 우리의 생활과 위치가 향상될 것이다.

우린 아마도 한 가족으로서 신체적으로 해야할 것들을 계획해야 한다. 계획에 대하여 한번 더 강조하면 목표란 계획의 끝점이다. 우리가 계획하지 않는다면 아마 아무일도 일어나지 않을 것이다. 가끔 나의 계획된 생활 세미나에서 누군가가 이렇게 말할 것이다. "나는 그 계획된 것을 갖고 싶지 않습니다. 나는 어떤 여가 시간도 갖지 못할 겁니다." 여가 시간이라는 것은 없다. 사람들은 항상 어떤 것, 아마 TV를 위해 여가시간을 바꿀 것이다.

5

목표를 정하는 방법

목표를 정하는 것은 수수께끼가 아니다. 다른 가치있는 것과 같은 것이다. 이것은 노력을 필요로 한다. 하지만 우리는 생존하고 여전히 많은 시간들을 이세상에서 삶을 영위하고 있기 때문에 어떤 가치 있는 것을 위한 안정된 시간을 만들기 위해서 실행할 어떤 것을 지금 시작해야만 한다.

(1) 행동하라.

첫번째 우리는 아무도 우리를 위해 대신하여 목표를 정할 수 없다는 것을 인식해야만 한다. 다른 사람들은 상담자일 뿐이다. 현명한 조언에는 이익이 있을 수 있고, 또 사상들을 시험할 누군가가 있지만, 마지막 분석에서 우리는 우리 자신의 목표를 정해야만 한다. 다른 사람들을 조언하는 데에서 나는, 종종 그들이 행할 목표가 무엇인지를 그들에게 말할 어떤 사람을 원하는 것을 발견한다. 만약 우리가 전혀 목표를 정하지 않았다면 그전에 우리는 출발부터 시작해야만 한다.

나는 종종 내 마음은 내가 펜으로 종이 위에 어떤 것을 썼을 때 순조롭게 움직이기 시작한다고 말한다. 우리는 그런 방법으로 시작해야만 한다. 깨끗한 종이에 무언가를 씀으로써 우리는 지금 이 시간 우선적이고 순서있게 주의를 좀 기울이면서 우리 자신들이 정하기 원하는 몇몇의 목표를 목록으로 작성함으로써 출발해야만 한다. 그 다음 우리는 그것을 놓고 기도하고, 다음 목표를 정하는 단계에 비추어 그것들을 잘 고려해야 한다.

(2) 그것들을 기록하라.

목표는 기록되기 전까지는 목표가 아니다. 그것을 목표라고 부르는 시간에 이르기까지 그것은 생각일 뿐이고, 참작, 개념, 희망일 뿐이다. 목표가 되기 위한 생각을 위해서 정말로 우리 자신이 외부로 돌출되도록 그것은 기록되어 쓰여져야만 한다. 일단 우리가 그것을 기록했으면 우리는 그것을 눈에 보이게 할 수 있고, 그것을 달성할 방법에 관한 계획들을 제시하도록 시작할 수 있다.

예를 들어 우리는 세계에서 가장 좋은 음성을 가지고 있다. 하지만 그 음성을 개발시킬 방법에 관한 계획을 발전시키지 않는다면 뛰어난 가수가 되는 목표는 결코 이루어지지 않을 것이다. 그 목표가 우리들 마음과 가슴 속에 묻혀 있는 한 우리는 우리 자신을 속여 우리가 목표를 가지고 있다고 생각할 수 있게 한다. 마음속에 간직하고 있는 목표들은 글로써 대상화하기까지는 아마도 결코 발전하지 않을 것이다.

우리는 땅에 만 달러를 묻고 그것을 꺼내면서 백만달러로 변할 것이라고 우리 자신에게 말할 수 있다. 우리는 그것에 대해 대단히 만족해 할 수 있다. 우리는 심지어 우리들이 그 돈으로 할 예정이었던 것들에 대해 우리가 한 이야기 때문에 이미 우리들이 백만 달러의 가치가 있다고 말할 수도 있다. 그러나 우리가 그 돈을 땅에서 꺼내어 일을 시작하지 않는 한 그것은 우리에게 결코 아무것도 생산해 줄 수 없다는 것은 사실이다.

이와 같이 우리 안에 있는 생각은 참이다. 그것은 가치있는 생각이다. 그렇지만 우리가 그것을 기록하여 목표로 변화시키지 않는 한 그것은 헛된 망상에 불과한 것이다.

(3) 성장하기 위해서 자발적으로 행동하라.

수년 동안 나는 아이다호에서 부르마 샤브(Burma Shave) 표지만을 단 낡은 배를 운항하곤 했었다. 그것은 두려워 하지 않으며 나의 예감을 수행하는 것이다. 한 다발 중의 한 송이가 아닌 제일 큰 바나나 나무가 되라는 목표를 정하는 가장 위대한 방법중 하나는 그것이 옳게 행해졌을 때 그것을 통해 우리가 성장하도록 하는 것이다.

우리의 목표는 하나님과 함께한 그곳에 있어야 한다. 내가 뜻하는 것은 목표가 달성되는 방향으로 일하도록 우리들이 전진하고, 성숙하기 위한 준비는 하나님의 허락이 있어야만 한다는 것이다. 주님은 끊임없는 성장을 위해 우리를 그의 손에 안고 계신다. 우리의 목표를 정하는 데 있어서 우리는 그분께 우리를 성장시켜 줄 기회를 드려야만 한다.

우리는 '만약 내가 잘못된 목표를 정한다면 어떻게 될까?'라는 의문에 의해 목표를 정해서는 안된다. 만약 잘못된 목표나 무모한 목표를 가지고 있더라도 그것을 변화시킬 수는 있다. 지금 우리는 목표를 정하지 않았다는 합리적 설명을 저버리고 연필과 종이로 부지런히 일해야 한다.

하나님의 공간을 허용한다는 것은 우리가 좋은 목표를 만들어야 한다는 것이다. 만약 우리가 그것을 써놓고 노력없이 그것을 할 수 있다는 어떤 생각을 한다면 그것은 좋은 목표가 아니다. 다른 한편으로 만약 그 목표가 어리석음이나 부조리한 기대로 가득차 있다면 그것도 좋은 목표가 아니다. 우리는 현실적인 신념의 요소를 가지고 있어야 한다. 그러면 우리는 항상 새로운 승리에 다다를 것이다.

프란시스 치체스터(Francis Chichester) 경은 대부분의 사람들이 이미 퇴직했을 나이에 56피트의 돛단배로 전세계를 항해했다. 프란시스 경은 "여행에 있어서의 전율은 선창에서 닻줄을 올리는 데 있는 것이 아니라 역경에 있다."는 사실에 대해 말했다.

우리는 발돋움하고 전진하고 노력해야만 한다. 우리의 삶은 우리가 하나님의 공간과 함께 목표를 정할 때 흥분과 감동으로 그것을 수행하게 된다. 우리는 우리가 성취할 수 있는 것 이상으로 성취하기 위해 노력해야만 한다.

(4) 목적을 기억하라.

좋은 목표가 되기 위해서 그 목표는 항상 우리의 삶의 정해진 목적 안에 있어야만 한다. 나는 어떤 이가 그의 목적 밖의 목표를 세우기를 원하는 이유를 이해할 수 없다. 우리는 이러한 목표에 이르는 건축 계획에 시간을 보낼 것이다. 그러므로 우리는 안정된 목적밖의 계획으로 우리의 시간을 낭비하지 않도록 우리의 의지대로 목표를 정해야만 한다는 것을 기억해야 한다.

수년 동안 나는 내가 행한 것 이상을 성취한 것보다는 내 능력이 부족하다고 여기는 사람들을 보았다. 마침내 나는 내가 이것 조금, 저것 조금 여러 가지 일을 하는 데 반하여 그들은 종종 한두 가지 일만을 한다는 것을 알게 되었다. 나는 농담 삼아 "나는 모든 일에서 약간씩을 잃고 그것으로 큰일을 이룬다."고 이야기하곤 한다. 종종 나는 나의 아내에게 이야기한다. "나는 내 기타에 너무나 많은 줄을 가지고 있다." 그리고 나의 어머니는 종종 "랜슨, 너는 불 속에 너무나 많은 다리미가 있다."라고 말씀하곤 하셨다.

우리는 우리의 목적 안에서 목표를 세우는 것에 초점을 맞추어야 한다. 우리는 몇 가지 일들을 잘하고 우리의 전체 삶의 목표 또는 다른 더 잘할 수 있는 것들에 맞지 않는 일들을 하는 데에 우리의 정력을 허비하지 않도록 온갖 노력을 기울여야 한다.

(5) 지금 쓰기를 시작하라.

일단 우리가 전체적으로 이 네 단계를 이해한다면 우리는 몇 가지 목표를 실제적으로 써야 한다. 설명을 위해서 나의 아들의 고교 2학년 때의 목표를 보여준다. 그가 스스로 이 계획을 세운 것은 열다섯 살 때였다.

〈실례 : 공군 사관학교에 입학하기 위한 목표〉

정신 : 나의 개인적인 생활을 한다(음악, 취미, 언어, 연기). 다른 사람의 문제 해결을 도와준다.

마음 : 1학기에 성적 3.71 이상, 2학기 성적 3.85 이상을 유지. 레슬링 시즌 동안 월, 수, 금요일에, 오후 7시부터 9시는 도서관에 가서 공부한다. 만약 내가 부기(템포가 빠른 째즈)를 원한다면 금요일과 화요일을 바꾼다(내 나이 또래들의 독자들을 위해서 밖으로 나가서 즐거운 시간을 가진다). 모든 장기 계획들을 잘 지킨다.

신체 : 팀에서 모든 사람과 나 자신을 세운다. 나는 팔의 근력을 높이고, 남성의 기질과 존의 헬스 시리즈를 배울 것이다. 나 자신과 스포츠에 대하여 좋은 자세로 임한다. 그렇지만 성적을 유지할 것이다.

재정 : 토요일 8일 중 5일은 일한다. 3일은 스키, 다이빙, 또는 데이트를 할 것이다(스키학교에 나가는 것을 체크한다). 토요일들 중 20달러를 벌기 위해 적어도 다섯 시간은 일한다. 레슬링 시즌 후에 학교가 파할 때까지 매주 화요일과 목요일 밤에 세 시간씩 일을 할 것이다. 그후에 내가 여행을 떠나기 전까지 하루에 다섯 시간, 일주일에

5일을 일한다.

레크레이션 : 스키는 언제나 가능하다. 카누나 카약을 사고, 종종
　　　　　다이빙을 하러 가고 날짜가 허락하는 한 학교에 자전거를
　　　　　타고 다닌다. 한달에 한 번 또는 그 이상 데이트를 한다.
　　　　　레슬링 후에 45분 동안 충실히 견고한 드럼 연습을 한다.

계획 : 일주일마다 내가 할 것들을 목록으로 만들고 그것을 지
　　　킨다(시간에 따라 허용하는 대로 무엇을 성취할 것인가를
　　　정확하게).
　　　만약 열다섯 살의 소년이 목표를 세우고 계획을 만들 수
　　　있다면 우리 중의 어느 누구도 그것을 할 수 있다.

(6) 계획을 세우는 7가지

① 이 목표달성과 연관되어진 두 가지 문제—즉 어려운 상황들,
　　목표 달성을 위해 가로막는 것들—를 나열하라.
　　이러한 것들은 우리가 우리의 계획들을 세울 때 다루어야만
하는 논점들이다.

② 이러한 문제들에 대해서 각각의 문제를 위한 해를 적어도 두
　　가지 나열하라.
　　우리가 어떠한 문제에 대해 할 수 있는 무언가가 항상 있다.
그것들 중에 하나로 '나는 나 자신이라는 배에 타고 항해하고
있는 것과 같다'는 것이다. 내가 사람들로부터 멀리 떠날 때, 나는

내 자신을 믿을 만큼 충분한 기력이 있음에 틀림없다. 나는 오랜 시간이 흐른 후 배의 톱니바퀴 장치가 망가지고 배가 자초되어 돛을 잃거나 혹은 물이 새어 들어와도 나는 할 수 있다는 것을 배웠다. 만일 내가 이미 예상해 왔던 문제에 대해서 애매함에서 벗어나 나의 머리를 쓰고 해답을 찾으려고 생각한다면 그 각각의 문제에 대해서 내가 행동할 수 있는 어떠한 것이 항상 있다.

③ 우리가 이 목표를 이룸으로써 보답을 받을 수 있는 두 가지
   이익을 나열하라.

　만일 이 목표가 우리에게 도움이 되지 못한다면 우리는 이 목표를 성취할 수 없을 것이다. 성취자가 되려면 그 목표 안에 우리를 위해 이익이 되는 몇 가지를 가지고 있어야 한다. 나는 어떤 물질적인 것들에 관해서만 단지 이야기하는 것이 아니다. 그곳에는 이러한 물질적인 것을 뛰어넘는(초월하는) 생활의 이익이 많이 있다. 예를 들어 한 가지 커다란 이익은 우리가 마지막으로 우리를 귀찮게 따라다니던 습관을 없애버렸을 때 다른 사람들로부터 존경을 받는 것 혹은 우리 자신에 대한 존경할 마음조차도 이익이다. 우리는 아마도 옛날에 한번쯤 우리가 노력해왔던 몇 가지 특별한 목표로 다른 사람들을 도와줌으로 인한 즐거움도 이익일는지 모른다. 우리는 "내 자신을 위한 이익은 관심이 없다."라고 우리에게 말하여질 수 있는 신성시된 정신적 허식은 갖지 말아야 한다. 이익은 우리에게 당연한 것이고 우리에게 좋은 것이다. 혹은 지속적인 삶에 대해 이익을 즐길 수 없을 수도 있다.

④ 지금 강력한 한 가지를 제시한다.

우리가 이 목표를 어떤 누구에게 이야기할 것인가 아니면 우리 자신이 간직해야 하는지를 알아봐야 한다. 하지만 모든 목적이 다 그렇게 공유하는 것만이 아니다. 때때로 사람들은 그들이 하고자 하는 것을 모든 사람에게 말한다면 그렇게 함으로써 그들이 그 목적을 달성하기에 충분한 부담을 지니게 된다고 느낀다. 우리가 어떤 목적을 어떤 사람에게 말할 때 그 목적이 그들이 우리를 평가하는 기대가 된다면 안 좋을 수 있다. 예를 들어 나는 한때 255파운드가 나갔는데 지금은 216파운드까지 살을 뺐다는 것을 다른 사람에게 말하는 것에 대해서 신경쓰지 아니한다. 그러나 나는 그들에게 목표가 몸무게에 대한 것이라는 것을 말하지 않았다. 왜냐하면 나는 그들이 어떻게 내가 나의 몸무게 조절을 하고 있는지 물어보기를 원하지 않았기 때문이다. 만일 내가 그때에 그렇게 잘하지 않는다면 나는 그들로부터 부정적인 인식을 들어야 했을 것이다. 또한 다른 사람들에게 어떤 목적에 대해서 이야기하면 우리는 그 목표가 비현실적이거나 비현명하다고 판단되었을 때 그것을 교정하기는 쉽지 않다. 어떤 면을 인식시킴으로 우리는 그 목표를 버렸음에도 오랫동안 그 목표에 매달리게 될지도 모른다.

⑤ 우리가 목표를 성취하기 위해서 포기해야 될 것을 나열하라.

이 단계는 그런 것들을 행하기를 원하는 사람들로부터 행하는 사람들을 분리한다. 시드니 하워드(Sidney Howard)는 "여러분이 원하는 것은 아는 것의 반을 여러분이 그것을 얻기 위해 포기해야만 하는 것을 아는 것이다."라고 말했다. 나는 내가 몸무게를 줄이려고 할 때 포기해야 할 것들을 확실히 알고 있다. 나는 빵 먹는 것과 소스, 빵과 함께 감자를 먹는 것과 매일 밤 한 그릇의 버터 팝콘과 빵을 먹는 것을 줄여야 한다. 내가 그렇게 할 때 몸무게는 내려간다. 몸무게를 줄이는데 도움을 주는 단체에 가기 위해 돈을 지불하는 사람들을 만나는 것은 나를 유혹받게 한다. 나는 단 것보다는 칼로리가 적은 것을 먹어야 한다는 감량법을 모르는 사람은 결코 만나보지 못했다. 그러나 몇몇 사람들은 가능한 한 적은 고통으로 몸무게를 줄이기 위해 다른 사람들이 그들에게 줄 수 있는 용기나 충고를 필요로 하는 것 같아 보인다.

사람이 어떤 방법을 사용하든 간에 어떤 가치있는 목표를 수행하기 위해서는 지불할 값과 개인적인 희생이 항상 있다. 어떤 목표이든지 여기에 써왔던 것처럼 우리가 제거해야만 하는 것에 대해서 신중하게 생각해야 한다. 그것은 우리의 목표 달성을 위해서 필요한 것이다. 예수님께서 말씀하셨음을 기억하라. "여우도 굴이 있고 공중의 새도 집이 있으되 인자는 머리 둘 곳이 없도다." 그를 따르는 것은 그들 중의 몇몇은 어떤 것들을 포기해야만 한다는 것이다. 좋은 결혼을 하기 위해서는 어떤 것을 포기하여야 하고, 좋은 부모가 되려면 어떤 것들을 버려야 한다. 어떤 목적에 도달하기 위해서는 우리는 몇 가지를 포기해야 한다. 우리의 목표로 전환되어지는 이러한 것을 나열하는 것은 목표 달성을 위한 계획을 세우는 과정의 일부이다.

⑥ 우리는 우리가 이런 것들을 포기할 의지가 있는지 없는지에
  대한 문제에 답해야 한다.

만일 우리가 목표에 관한 어떤 것을 행하려고 하지 않을 때
이 문제를 확인하는 것은 좋지 않다. 우리의 목표 설정은 곧 또는
후에 해야할 것을 하기 위해 자신을 훈련시키려는 의지와 직결
된다. 무엇이든지 다 할 수 있는 사람은 아무도 없다. 그렇기
때문에 우리는 해야될 것과 하지 말아야 하는 것을 결정해야 한다.
만일 우리가 이 질문에 대해서 확실한 선택을 할 수 없다면,
우리의 성취의 부족에 대해서 하나님 혹은 다른 사람을 욕하지
말라. 고귀한 성취가들은 목표 방향이 있는 사람들이다. 그리고
목표 방향이 있는 사람들은 기꺼이 그들의 목적에 이르기 위해서
방해가 되는 것을 제거한다.

⑦ "이 목표를 성취하는 데 만족하는가?"라고 질문하라.

만일 그것에 만족하지 않는다면 목표 달성을 위해서 아마도
우리는 위의 사항들을 실행하지 못할 것이다. 우리가 알고 있는
것처럼 우리가 최선을 다해 왔고 그 결과의 만족에 대해 보답할
수 있는 트로피, 상금 또는 어떠한 것도 없다.

(7) 목표를 단편으로 나눠라.

이제부터 우리들은 이전에 명시된 일곱 단계들을 주의깊게
실행에 옮겨야 한다. 우리는 그 다음으로 목표를 감당할 수 있는
단편들 즉, 목표의 달성을 위한 방법에 해당하는 한정할 수 있는

단계들로 나누는 것이다. 예를 들면 경주자는 그가 올림픽 마라톤에 참가하기를 원하는지 결정해야 한다. 만일 그가 원한다면 그는 두 배의 시간에 걸쳐 26마일을 달리고 올림픽에 바로 나가는 것으로 시작하지는 않는다. 우선 그는 지방 경주에 출전한다. 그런 다음 본 경기에 출전하는 것이다. 국내나 국제적인 달성은 마지막 올림픽을 위한 초기화에 불과하다. 이러한 준비의 어느 부분이든 모든 계획을 이끌어 나감으로 정해진 목표로 전진해 나가는 것이다. 목표는 크든 작든 그의 일, 그의 가족, 그의 레크리에이션 즉, 그의 모든 생활에 영향을 주는 많은 결정들의 꼭지점이 되는 것이다.

재정적인 목표들은 항상 쉽게 부분들로 나눌 수 있다. 이는 달러의 양이 객관적으로 규정지어지기 때문이다. 빚을 다 갚기를 원하는 사람들은 매달 어떤 양만큼 탕감해 나가기 위한 계획을 세울 수 있다. 그것은 어떤 경우든 그가 그의 계획을 지키고 있는지를 쉽게 볼 수 있다. 계속 실천해온 계획은 하나의 많은 것과 같다. 투자를 증가시키기 위한 목표는 같은 방법을 많이 되풀이하여 계획되어질지도 모른다. 그러나 2000달러의 빚을 지고 있는 어떤 사람은 그가 한 달에 100달러를 20달 동안 저축한다는 실천할 수 있는 계획이 아니라면 갑작스럽게 빚을 다 갚지는 못할 것이다. 백만장자를 꿈꾸는 어떤 사람의 계획에 대해 만일 백만장자라는 것이 그가 원하는 것을 신들이 해줄 것이라고 믿는 것이라면 그 사람은 어떤 시간에 얼마나 많이 가치있게 시간을 쓰는 것에 대해 계획해야 한다. 큰 목적은 계획내에서 작은 단계들이 많이 모인 것이다.

(8) 그 단편들에 중요함을 부여하라.

우리는 어떤 압력하에 우리 자신을 두지 않고는 목표를 더 좋게 설정할 수 없다. 우리는 우리가 첫번째, 두번째 다음번 등등의 해야 할 것을 결정해야 한다. 그런 다음에 우리는 우리가 어떻게 하고 있는가를 측정하기 위한 몇 가지 방법을 가지기 위해서 각각의 단계 옆에 날짜를 기입해야 한다.

(9) 목표를 계획으로 바꾸라.

만일 우리가 이 목표를 성취하려 한다면 우리가 하려 하는 것은 특이한 것임에 틀림없다. 이것은 우리가 행하여지기 위한 것들의 목록을 날마다 작성하는 것을 포함할 것이다. 어떤 면에서 우리가 특별한 날에 우리 자신을 위해 만든 계획이 될 것이다. 이처럼 계획은 우리가 오랜 기간 동안 목적의 달성을 위해서 계획해왔던 행동들을 결정한다.

예를 들면 나의 아들의 계획을 보면 그는 레슬링 시즌 동안 도서관에서 두 시간을 보내기로 결정한다. 그러므로 수요일마다 그의 일일 계획에는 오후 7시에서 오후 9시까지 도서관에 있을 것을 필요로 한다. 그것은 그의 그날 저녁의 계획이다.

목표설정에 대한 한 형태에 대하여 우리는 그것에 대한 내용만 확장시켜 담을 수도 있고 혹은 종이의 공간을 이용해서 간단하게 보충할는지도 모른다. 우리는 목표가 가지는 형태에 대해서는 세밀하게 다루지 않는다. 중요한 것은 계획을 만들기 위한 통

찰력을 가지고 또 그것을 지키는 것이다. 내가 가장 좋아하는
격언중의 하나는 "지금 당장 행하라"는 것이다.

6

목표를 설정하지 않는다면 어떻게 될까?

만약 우리가 인생에서 해볼 수 있는 모든 일을 다 할 수 있다면 좋을텐데, 그런 일은 일어날 수 없다. 아직은 우리가 생각해 보아야만 하는 답하지 않은 두 개의 질문이 있다.

(1) 어떨 때 목표가 단지 공상이 되는가?

만약 목표가 오늘날 우리의 선택에 영향을 주지 않는다면 목표는 공상이다. 다른말로 한다면 미래의 목표가 현재의 우리가 선택하는 것에 영향을 주지 않는다면 우리는 결코 미래에 목표를 성취할 수 없을 것이다. 예를 들면 만약 내가 살이 빠지는 것에 대한 걱정이나, 이따금 지금보다 미래에 살이 빠질 것에 대하여 진지하게 받아들인다면 그때 그 목표는 오늘의 식사를 하지 못하도록 할 것이다. 덜 먹기 위한 선택을 해야 한다. 목표에 도달하기 위해서 우리는 매일 무엇을 하며 또는 목표에 얼마나 도달하지 못했는지 감시해야 한다. 만약 내가 다음 식사를 하기 위하여 앉아 있을 때 긴 기간 동안의 목표를 고려하지 않으면 그 순간 목표는 공상이 된다. 나의 선택에 목표가 영향을 줄 수 있기 전까지는 아무리 많은 언급과 서술과 기도가 있어도 목표는 단지 허무한 공상일 뿐이다.

만약 목표가 세계 여행하는 것이라고 한다면 많은 일들이 있게 될 것이다. 첫번째 그것을 기록하고, 시간을 고려할 것이다. 예를 들면 "나의 목표는 5년내에 세계여행하는 것이다."라고 계획한다. 그 다음에 그 일의 준비를 위한 문제와 그에 대한 해결책 모두를 목록화할 것이다. 예를 들어 배를 준비한다면 그 배에 관한 새로운 고정 장치, 배를 세워주는 돛과 추진 돛이 필요하고, 엔진도 수리해야 한다. 항해 기간 동안 순풍항해 뿐 아니라 폭풍항해도 있을 것이다. 안전을 위해서는 단 방향 라디오, 단파 라디오, 그리고 최소한 라디오 방향 탐지기도 부가적으로 준비해야 할 것이다.

내 자신이 준비되어 있다는 것 외에는 모든 준비가 지금부터 시작이다. 항해도 연구와 배움이 필요하다. 디젤기관에 대한 과정도 절대 필요한 것이다. 지금 당장 디젤엔진에 대하여 아무것도 모르기 때문에 배움을 통해 물리적으로 상당한 수준에 있어야 할 것이다. 날씨에 대한 적당한 연구를 해야하며 폭풍 속에서의 항해술도 익혀야 한다. 항로에 대한 공부를 해야 하며, 안전한 여행을 위한 필요한 책과 차트를 구입하고 연구해야 한다.

나는 거의 3년반 동안 그것을 해왔는데, 항해를 계획한 18개월후 지방의 쇼핑 산책길을 따라 산책하고 있었다. 시골 가죽집의 창문에 염가판매라는 간판이 있었다. 나는 왔다 갔다 하며 자세히 둘러 보았다. 여기저기에 가죽 잠바와 코트가 있었는데 한 개가 내 눈에 띄었다. 오 그것은 나의 치수에 꼭 맞는 것이었다. 입으면 얼마나 멋있을까! 나는 이와 같은 코트를 항상 원했었고 살 수 있는 돈도 가지고 있었다. 그러나 결국 그것은 다른 사람에게 판매되었다. 만약 내가 사고 싶은 충동대로 했다면, 그때 세계를 항해하려는 나의 목표는 그 순간 공상으로 변했을 것이다. 이런 순간이 많으면 목표를 이룰 수가 없는 것이다. 이유는 간단하다. 코트가 세계를 항해한다는 목표에 도달하도록 도울 수는 없기 때문이다. 나는 많은 것들을 사서는 안될 것이다. 나는 그런 것들을 제거하도록 해야 할 것이다. 18개월 만에 나의 계획을 포기하게 될 수도 있기 때문이다. 나는 코트를 가져갈 수는 없다. 만약 갑판 아래 그것을 둔다면 코트는 곰팡이가 슬던지 썩어 버릴 것이다. 만약 코트를 갑판 위에서 입고 있다면 소금물 파도가 칠 때 그것은 상하기 시작할 것이다. 내가 코트를 아무리 절실하게 원한다 할지라도 그 목표가 되도록 나의 목표를 계속 진행한다면 우리 마음 속에 일어나는 충동들에 대하여 가지치기를 잘해야 한다.

(2) 만약 목표를 성취할 수 없다면 나는 무엇을 할 것인가?

　모든 목표가 성취될 수 있는 것은 아니다. 솔직히 모든 목표가 이루어지는 것은 아니다. 당신은 목표를 향하여 나아가야 하며, 그것이 무가치한 것인지 아닌지를 밝혀야 한다. 당신의 건강이

나빠질지도 모른다. 경제 여건이 변할 수도 있다. 하나님은 뭔가 다른 것을 제의할 수도 있다. 바울(Paul)이 비전을 가졌을 때 그의 계획이 세워졌다는 것을 명심하라. 그 밤에 바울은 비전을 가졌다. 그의 꿈에서 그는 그리이스의 마케도니아 사람들이 여기에 와서 우리를 도우라고 그에게 간청하는 것을 보았다(행 16:9).

많은 경우에 목표를 성취하기 위하여 계획에 몰입해야 한다. 단지 목표가 가치없는 것을 알았을 때 그 추진을 멈추어야만 한다. 만약 우리가 목표에 도달할 수 없다는 것을 알았다면 우리는 무엇을 할까? 그 대답 중 한 가지는 우리의 시도를 멈추고 새로운 목표를 향하여 움직이는 것이다. 성공적인 목표 선정자가 되기 위한 열쇠중 하나는 우리 자신을 조절하는 것이고 적당한 때 목표의 추진을 기꺼이 멈출 수 있어야 하는 것이다. "나는 그것을 할 수 없어서 포기한다."와 같은 말로 표현해서는 안된다. 우리가 목표에 도달되지 않거나, 도달할 수 없거나, 도달이 불확실하다는 것을 알았을 때 적당한 시간을 선택해서 계획을 중지하고 새로운 목표를 향한 또다른 계획을 세워야 한다.

나는 사람들이 생활에 대해 건설적인 역할을 하는 목표를 세우는 것을 지켜 보아왔다. 가내 사업을 통하여 거래하는 어떤 회사들 중 몇몇은 때로 비현실적인 판매목표를 세우도록 사람들에게 권장하는 잘못을 범하고 있다. 만약 나약한 자신과 싸우고 있는 사람들이 자신의 실체를 인식하게 된다면 다시 말해 비현실적인 목표를 세우고 계속 실패한다면 더욱 자신의 약한 모습을 인식하게 되는 것이다. 좋은 긍정적인 일이 그렇게 되면 오히려 그의 생애에 부정적인 힘으로 작용하게 된다. 내가 알고 있는 유일한 대답은 새로운 방향을 갖도록 선택하는 것이지 노력을 중지하는 것이 아니다.

(3) 몇 가지 목록 작성

당신이 착수하려고 생각하는 것들에 대한 목록을 만들어라. 다음의 표제(제목)들을 생각해 보자.
① 내가 시작하고 싶어하는 일
② 내가 바꾸고 싶은 일
③ 내가 가정을 위해 원하는 일
④ 내가 알고 싶어하는 영적인 일
⑤ 내가 하기를 그만두고 싶어하는 일
⑥ 내가 가고 싶은 곳
⑦ 내가 되고 싶은 것

(4) 목표설정에 대한 참고 성구

• "너의 길을 여호와께 맡기라. 저를 의지하면 저가 이루시고 네 의를 빛같이 나타내시며 네 공의를 정오의 빛같이 하시리로다"(시 37 : 57).
• "지혜가 제일이니 지혜를 얻으라. 무릇 너희 얻은 것을 가져 명철을 얻을지니라"(잠 4 : 7).
• "자기의 토지를 경작하는 자는 먹을 것이 많거니와 방탕한 것을

따르는 자는 지혜가 없느니라"(잠 12:11).

- "사람이 마음으로 자기의 길을 계획할지라도 그 걸음을 인도하시는 자는 여호와시니라"(잠 16:9).
- "너는 잠자기를 좋아하지 말라. 네가 빈궁하게 될까 두려우니라. 네 눈을 뜨라. 그리하면 양식에 족하니라"(잠 20:13).
- "친애하는 형제들아, 나는 아직 내가 잡을 줄로 여기지 아니하고 오직 한 일 즉 뒤에 있는 것은 잊어 버리고 앞에 있는 것을 잡으려고 푯대를 향하여 그리스도 예수 안에서 하나님이 위에서 부르신 부름의 상을 위하여 좇아 가노라"(빌 3:13~14).

(5) 목표 설정에 관한 잘 알려진 인용들

- 목표는 삶에 대한 자극제로서의 역할을 수행한다. 그것은 깊이 있는 자원에 대롱을 박고 기대하면서 자신의 삶에서 최선을 이끌어낸다. 목표가 없는 곳에서는 괄목할 만한 큰 업적은 있을 수 없다. 단지 생존만이 있을 뿐이다.　　　　　　　－미상
- 가장 방해가 적은 길을 따르면 사람과 강물은 비뚤어지게 된다. 그런 사람은 좀처럼 성공으로 향해 가지 못한다.　　　－미상
- 모든 위대한 업적은 이전에는 불가능했다.　　　　　－미상
- 사람들 사이의 차이점은 대부분 그들의 지적인 관찰력에 있다. 사업에서 예술에서 과학분야에서 그리고 모든 삶의 추구에서의 성공의 비밀은 바로 작은 것(일)들에 대한 면밀한 관찰력에 있다.　　　　　　　　　　　　　　　　　　－사무엘 스마일

- 좋은 끝 동작은 보울링, 테니스, 골프에서와 똑같이 경영에서도 중요하다. 끝 동작은 훌륭한 계획과 훌륭한 결과의 다리이다.
　　　　　　　　　　　　　　　　　　　　　　　　　　－미상

- 만약 사람이 지적받았다면 그것으로 크게 한 걸음을 내딛는 것을 두려워하지 말라. 당신은 두 번의 작은 점프(도약)로 그 간격을 건널 수가 없다.　　　　　　　　－데이빗 로열 조지

- 우리의 문제는 앎의 부족에 있는 것이 아니라 행함의 부족에 있다. 대부분의 기독교인들은 그들의 행하는 것보다 훨씬 더 많이 알고 있다.　　　　　　　　　　　－마크 햇필드

- 당신은 당신이 하려고 하는 일로 명성을 쌓을 수는 없다.
　　　　　　　　　　　　　　　　　　　　　　　　　－헨리 포드

- 용기는 당신이 두려워서 하지 못하는 것을 하는 데 있다. 만약 당신이 두려워하지 않는다면 용기란 있을 수 없다.
　　　　　　　　　　　　　　　　　　　　　　－에디 리켄바커

- 세상은 활기찬(정력적인) 사람들의 것이다.
　　　　　　　　　　　　　　　　　　　　　－랠프 왈도 에머슨

- 경험에 비추어 보건대 대부분의 시간은 시간(hour)이 아닌 분(minute)으로 헛되이 낭비된다. 바닥에 작은 구멍이 있는 양동이는 일부러 발로 차 엎은 양동이처럼 비게 된다.
　　　　　　　　　　　　　　　　　　　　　　－폴 J. 메이어

- 새로운 사고에 의해 넓혀진 인간의 마음은 결코 원래의 크기로 되돌아 가지 않는다.　　　　　　　　－올리버 웬델 홈즈

제 3 장

재정을 어떻게 형성하고
유지할 것인가?

1

자유로운 재정 환경

많은 사람들이 한 달이 끝나기도 전에 그들이 벌어들인 돈을 남기지 않고 지출하게 되는 것은, 자기 나름대로 언제든지 돈을 벌게 되면 그들의 재정이 더 잘 유지될 수 있다고 생각하기 때문이다. 그러나 사실상 개인의 재정적인 상태는 일반적으로 그의 수입의 증가를 예측하지 못하고 그들의 가진 것보다도 더 많은 것을 소비하게 된다. 그러나 당신의 능력을 과신하지 말아야 한다.

내가 미국 중서부에서 계획된 삶에 대한 세미나에서 가르치고 있던 기간 동안 한 남자가 세미나의 첫번째 밤에 20분 정도 늦게 왔다. 그는 모든 사람들의 뒷쪽 여섯째 열에 앉았으며, 그 회합의 끝무렵에 어느 다른 사람보다도 먼저 가버렸다. 나는 목사님께 그를 알고 있는지 물어보았더니 그 목사님께서는 그를 전에 전혀 본 적이 없다고 대답하셨다. 후에 나는 그가 세미나 내용에 대하여 신문에 기사화하기 위해서 취재하러 왔었다는 것과, 먼저 가졌었던 취재 기자의 방문과는 조금 다르다는 것을 깨달았다.

다음날밤 나는 어떻게 예산을 편성하며 어떻게 그 예산을 유지할 수 있는가를 한 가지씩 공개해 나갔다. 그 다음날 밤 그가 그의 아내와 함께 그 장소에 왔는데, 맨앞줄에 앉아 주의깊게 소책자에 주를 달며 열중했다. 회합후에는 그가 나에게 예산안의 가르침에 대하여 의견을 묻기 시작했다. 나는 그에게 "선생님 당신의 직업은 무엇이죠?" 하고 물었다. "나는 외과의사입니다." 라고 그의 신분을 밝히고 나서 "누구든지 이 세미나의 내용을 듣는다면 보는 바와 같이 믿고 찬성할 것입니다. 나는 매년 125,000불 이상을 벌고 있습니다마는 나는 당신에게 그것의 25,000불이 어디로 가는지 말할 수 없군요."라고 말했다.

정말로 걱정없이 많은 사람들이 보증된 미래를 만들어 갈 수는 없다. 우리 모두 알건대 10,000불을 버는 사람들은 대개 12,000불을 소비한다. 그들은 일의 수당으로 받은 13,500불로 자리를 굳혀놓으나 곧 15,000불을 소비하는 것으로 변한다. 그러므로 아내는 일하러 가게 된다. 그들은 그달에 25,000불을 벌게 되었으나 다시 26,000불을 소비하게 된다. 27,000불을 벌었지만 다시 30,000불을 한 달 생활비에 소모했다. 이러한 경우에 사람들은 항상 난처하게 된다. 그리고 그들은 매달 조금만 더 적절하게 벌 수 있다면 괜찮을 거라는 그들 자신의 편리한 생각을 하게 된다.

목사로 20년 넘게 재직해 있는 동안 나는 예산을 편성하거나 돈을 사용하는 것에 관하여 그들에게 이야기하기 시작했을 때 사람들이 보이는 반응들은 매우 흥미로웠다. 몇몇은 실제적으로 내가 믿음으로부터 벗어난다는 여러 가지 가정하에 나에게 반문해 왔다. "돈에 관해서 의논해 볼까요?"하며 심하게 말하곤 하였다. "당신은 돈의 뒤를 쫓고 있는 유물론자입니다. 당신은 돈을 벌 수 없고 오히려 잃는 자입니다. 그안에서 그것을 유지시키는 당신은 수전노라고 생각할 수 있겠군요. 차라리 돈을 벌려고 아예 노력하지 마십시오. 당신의 포부는 결핍되어 있습니다. 돈을 벌고 돈을 소비하는 데 있어서 당신은 바보 멍청이라고밖에 볼 수 없군요. 당신은 결코 그것을 가지고 어떤 즐거움도 얻을 수 없겠지요."

공개 강의에서 나는 돈에 관하여 필기하고 말해야 할 것을 선택했다. 우리는 좀더 조심스럽게 돈을 취급할 필요가 있다고 말했다. 왜냐하면 그 방법이 경제성이 있기 때문이다. 한 물건이 침대밑으로 굴러가고 마루에 떨어졌을 때 그것의 1/4은 사용되어졌다고 볼 수 있다. 누군가 "만일 당신의 지출이 수입을 초과한다면 당신은 파산할 것이다"라고 말했다. 우리는 돈에 관하여 많은 농담을 만든다. 그러나 그 농담들은 예산을 화제로 할 때 우리 모두를 심각하게 만든다.

(1) 가족의 재정처리는 왜 하는가?

결혼초에 우리는 누가 재정권을 운영할 것인가에 관해 서로 간에 좋은 의견을 나누었다. 메리는 청구서를 가지고서 가계부를 정리(Check Book)하고 돈을 은행에 저축하기로 결정했다. 즉 모든 경제에 대한 권리를 메리에게 준 것이다.

때로 나는 "이번달 우리의 재정은 어떻게 되어가고 있지?"라고 확실히 알고 싶은 마음에서 아내에게 질문을 한다. 그러면 아내는 밝게 미소 지으며 "좋아요. 우리 한달 생활의 2/3 정도를 청구서의 금액대로 은행에 납부하고 나머지는 거의 식료품을 샀어요. 그리고 우리들의 차에 연료를 가득 채우고 남은 잔액 350불이 은행에 예금되어 있어요."라고 대답한다.

"그러면 남은 잔액으로 보우트의 라디오를 수선하기 위하여 지불할 수 있겠구만? 수리점에서 근무하는 기사가 그것은 약 125불 가량 비용이 든다고 말했는데."

"물론이죠. 여보, 당신은 열심히 일하고 있어요. 당신은 우리 가정을 위하여 아주 열심히 일해왔어요. 그러니 당신도 즐겨야 해요."

그래서 나는 라디오를 가지고 수선코너에 갔고 몇일 내로 수리해서 보트를 제자리에 가져다 놓았다. 그런데 청구서는 125불 대신 175불이나 되었다. 그러니까 항상 대부분의 수선은 어림잡는 것보다 훨씬 많은 비용을 요구한다. 결코 많은 비용이 아니므로 그렇게 대수롭지는 않았다. 우리는 그래도 좋게 생각하면서 생활을 해왔다.

그 다음날 나는 3일간 비행기를 타고서 출장 갔다 돌아왔다. 아내는 나를 마중 나와 있으며 우리는 늘 그렇듯이 일상으로 돌아온다. 아내는 나에게 키스할 때면 으레 그 시간까지 우리가 늘 주목해야할 것이 무엇인가 있다는 것을 느끼게 한다. 우리의 배우자가 어떤 감정적인 태도를 보일 때 우리는 약간의 무슨 일이 있었다는 것을 직감적으로 느낄 수 있다. 그 떨림은 나의 아내로부터 오는 것으로 보인다. 그래서 나는 아내에게 "잘있었어? 애들은 어때? 강아지는 어때? 보트는 괜찮은가?" 등 여러 가지를 물어본다. 청구서들을 지불할 때 거의 많은 시간들을 집에 있지 않았으므로 여행중에 나는 항상 생각을 많이 한다. 메리는 이런 재정적인 어떤 일의 진행을 좀더 논리적으로 잘 유지하고 조리 있게 한다. 그래서 나는 재정적인 것을 책임지고 메리는 그것을 유지시키는 것을 일찍 배운 셈이다. 우리에게 이것이 참으로 중요했던 것이 나는 첨가할 수 없고 뺄 수 없었지만 그녀는 늘 능숙하게 해왔다. 얼마나 많이 내가 내자신의 모습에 위축되었는지. 남자의 자존심은 지금 나에게 허락되어지고 나는 잘 할 수 없다는 마음에 의해 더욱더 위축될 것이다.

우리의 삶에 이와 같은 어떤 것이 자주 다가온다. 내가 돌아올 때 아내는 공항에서 나를 만나자 마자 지난 8일 동안의 일과 비축금의 증가를 설명한다. 항상 아내는 터미날 앞의 차안에서 기다린다. 나는 차안으로 뛰어들어가 그녀에게 키스하고 나면 아내는 나에게 온 중요한 메세지라든지 전화온 것을 남겨준다. 아내가 운전하고 있을 때 나는 중요한 것을 떠올리면서 아내에게 묻는다.

"여보, 당신 어땠어?"

"좋아요."

"애들은 잘지내나?"

"잘 지냈어요."

"강아지는 어떻지?"

"건강해요."

라고 아내는 대답한다.

　지금 심각하게 묻고 싶은 것이 있다.

　"보트는 폭풍중에 괜찮았소.?"

　"예, 데이빗과 랜니가 한쌍의 줄로 튼튼하게 묶어 놓았죠. 애들은 보트주변을 아주 좋아해요. 여보, 당신은 정말 그애들에게 잘 가르쳤어요."

　묻는 것에 대해서 아내는 한 가지씩 적절하게 대답하는 중이었다.

　"좋아. 그런데 우리의 재정상태는 잘돼가나?"

　"우리에게 문제가 조금 생겼어요."

　아내의 말은 나에게 폭탄과 다름없었다.

　"문제라니 무슨 말이야?"

　내가 물었다.

　"지불 만기일이 다음달 15일인 자동차보험료 450불을 당신이 떠나던 날 나는 가지고 있었지요. 그것을 지불할 수 있었는데 당신이 모든 돈을 보트의 라디오 수리에 가져갔잖아요."

　아내의 목소리는 분명하게 나를 원망하고 있었다. 지금부터 우리의 논쟁은 시작이다.

　"내가 돈을 가져가다니, 무슨 뜻이야? 내가 돌아오기 3일 전에 우리는 좋은 상태라고 당신이 내게 그렇게 재정상태에 대해서 말했잖소. 청구서가 온다는 것을 당신은 알지 못했단 말이오?"

　지금은 내가 선택할 시간이었다. 메리는 "나는 당신이 쓰고 있는 모든 것들을 유지할 수 없어요. 당신은 너무 여러 가지로 일을 저지르고 다니는데 어떻게 그것들을 적절하게 유지할 수 있겠어요? 나는 대책이 없어요. 나는 할 수 없어요. 왜 내가 뛰어다녀야 하나요? 어떻게 생각해요. 내가 당신의 돈이나 그 어떤 것이라도 훔치나요? 가계부를 가져와서 당신 자신을 돌아보세요. 당신이 만들고 소비한 모든 것들이 가계부 안에 있어요."라고 대답했다.

쏟아져 나오던 불만들이 마지막 단계로 접어들었다.

"당신이 좋아하지 않는 방법이긴 하지만 현금을 가지고 생활할 꺼예요. 그리고 당신이 자신의 것은 스스로 해결하세요."

만일 내가 당신의 이런 것들을 말한다면 이것은 우연한 발생이고 드물게 있는 경우라 하겠지만, 실제로 이런 일들은 보다 자주 생기는 일이다. 마침내 어느날 나는 아내에게 "우리 예산을 편성하기로 합시다. 교회 예산, 사업 예산 그리고 우리들의 예산을 편성하자고. 좋은 생각이지?" 대답을 기다리며 침묵했다.

"아니 그럴 필요없어요."하며 아내는 쏘아붙였다.

"당신은 모든 똑똑한 생각들을 얻었다고 그 생각들을 나에게 말하겠지요. 그러고 나서 당신은 편안하게 마을 밖으로 도망치고 나만 그 일에 쫓기라고 내버려 두는 거지요."

나는 이미 아내의 말들로 인하여 충분히 곤경에 빠져있었다. 나는 더 이상 예산 편성하기에 대하여 한 마디도 추가하지 않았다. 그러나 우리는 그 한 가지를 통하여 우리의 길을 열게 되었고, 예산을 편성하기 시작했다. 나는 아내가 담당할 부분을 정확하게 설명했고, 오늘까지 실천하고 있는 것들을 그때 당시에 하게 되었다. 우리가 예산을 편성한 후 6주가 지나서였다. 아내가 나의 목위에 키스하며 말했다. "고마와요 여보. 예산을 세운 뒤 나는 편안함을 느껴요. 너무나 자주 예산을 생각하고 절제하지만 무절제로 인하여 겪는 불안, 초조, 놀람은 더이상 없어요. 내가 어디에 있는지 알 수 있고 무슨 일이 발생하고 있는지 알 수 있어요. 나는 스스로 경제사정을 통제할 수 있게 된거죠."라고 아내는 말했다.

(2) 예산은 무엇인가?

한번은 내가 비행기를 타고 있는데 내 뒤에 한 남자가 나에게 와서 무엇을 하는 분이냐고 물었다. 내가 가르치고 있는 세미나에 관하여 그와 같이 교제할 때, 그는 나에게 "나는 예산을 세우고 있습니다."라고 말했다.

"어떤 종류의 예산인데요?" 나는 그에게 물었다. 그는 나에게 그가 알고 있는 그의 차의 상환할부금액과 그의 집에 대한 상환, 보험금, 그리고 그가 지불해야 할 난방비, 수도세 그리고 매달 음식으로 쓰여지는 돈이 얼마나 많은가에 대해서 말하기 시작했다. 그러나 그가 나에게 설명한 것은 예산이 세워진 것이 아니었다. 예산을 짜둔 속에 살고 있는 듯한 추측이었다. 사전에 의하면 예산은, 수입과 지출의 쓰여진 상태에 대한 평가가 끝나는 마지막까지 명시되는 것이라고 되어있다.

(3) 예산의 목적

첫째, 작성된 예산안은 안내인의 역할을 하므로 무절제한 소비생활을 견지해준다. 사람들은 일 년도 채 참지 못하고 "내가 이번 해에 얼마 만큼 벌까? 내 자신과 내 가족들이 그걸 얼마만큼 견디어낼 수 있을까?" 하고 말한다. 그러나 이 문제는 우리가 충동구매 욕구나 신용카드 대출을 자극할 때 또는 우리자산의 소비 신조가 없을 때 발생한다. 작성된 예산안은 안내자의 역할로써 소비생활의 지표가 되어 줄 것이다.

둘째로, 작성된 예산안은 적절한 소비방침으로서 우리가 무엇을 어떻게 해야할지 제시해 준다. 그것은 우리의 부채가 얼마만큼 밀려 있다고 알려줌으로써 우리의 소비패턴을 바꾸어야 한다는 사실을 인식시켜 줄 것이다.

셋째로, 무절제한 소비를 방지하기 위한 수단으로 일단 우리가 어떻게 올바른 예산안을 세우고 유지해야 할지를 알게 되면 우리의 과소비는 방지되어질 것이다. 바로 이점은 매우 중요하며 또한 어려운 절차가 아니므로 다음장에서 다루어지게 될 것이다.

경제상승은 변화하고 있다. 이에 우리가 주목해야할 점은 건전한 소비행위로써 자제되어져야 소비행위가 올바르게 나아가고 적절히 행해진다는 것이다. 자제되어야 된다는 것은 매우 중요한 것이다. 예산안을 세우면 일반적인 채무와 모든 종류의 대부금, 신용구매카드에서 벗어나게 되며 이런 종류의 빚으로부터 우리를 보호해 줄 것이다. 아마도 우리들 대부분은 삶의 중요한 집장만을 위해 주택부금을 부을 것이다. 그러나 우리는 그러한 모든 것들 때문에 빚질 필요는 없다.

나는 비행기 안에서 잡지에 실린 카롤 스톡커(Carol Stocker)의 기사를 읽은 적이 있다. 그녀는 "우리 각각은 광고회사(Batten, Barton, Durstine, Owborn)들에 의해 하루 평균 300여개의 광고를 접하게 된다. 그들은 소비자들의 충동구매를 자극하기 위해 가장 기억할 만한 광고에 그 방면의 창조적인 천재적 요소와 교전상태를 창출해내고 있다. 우리는 현재 미국에서 행해졌던 연극, 문학, 사진작업, 우수한 사진기술을 광고에 매치시키면서 예술면에서 광고가 갖는 최고의 효과에 대해 논쟁을 해왔다."라고 말하고 있다.

다시 말하자면 미국에서 가장 창조적인 대안이라는 것은 최고의 장비와 재능을 이용하여 거의 무제한적인 예산편성으로 소비자들의 정신과 감정에 하루에도 300번씩이나 필요하지도 않고 원하지도 않는 상품을 사게끔 충동질하는 것이다. 이렇기 때문에 소비자에겐 소비자를 보호하고 적절한 소비풍토를 조성하기 위한 안내자가 필요하다. 아내와 나는 어느 다른 부부보다 더많은 돈, 지성, 시간, 경험이 있었던 것은 아니었음을 덧붙이고 싶다. 우리의 수입과 예산안(가계부작성)은 다른 어느 부부들도 할 수 있었던 것이었다. 무엇보다도 그것은 우리에게 자유로 가는 길을 예상하게 하는 것을 가능하게 해주었다.

2

예산을 어떻게 세울 것인가?

이 내용은 회계에 관한 것이라기보다는 책임에 관한 것이다. 이 프로그램은 부기나 경리에 대한 지식이 없이도 따라갈 수 있다(사실 대부분의 경리사나 장부담당계원들도 개인이나 가족예산을 세우지 않고 살아간다). 지극히 단순한 시스템이기 때문에 이해하고 사용하는 데 별 어려움이 없을 것이다.

(1) 예산수립의 5가지 접근

① 우선 지금까지 당신이 왜 예산을 세우지 않고 살아왔는가 이유를 적어보라. 예산 세우는 일이 너무 복잡하게 생각되거나 거창한 일이라고 느껴지는가? 아마도 단지 예산 세우는 방법을 몰랐기 때문일 것이다. 이 단원이 끝날 때쯤 당신은 예산을 어떻게 세우는가에 대해 잘 알게 될 것이다. 당신이 솔직하다면

지금까지 유지해오고 있는 재정적인 방식을 고쳐야겠다고 인
정할 것이다.

② 예산을 세우지 않았기 때문에 생긴 결과들을 나열해보자. 빚이
있는가? 무엇을 하거나 어딘가 갈 때에 돈이 부족함을 느끼
는가? 아이들에게 우린 그걸 살 만한 형편이 아니라고 말해야
하는가? 당신의 아내와 돈 때문에 다투는 일이 있는가? 아내와
나는 그랬었다. 매달 계산청구서를 지불해야 할 때가 되면
압박감을 느끼는가? 납기일이 지난 청구서에 대한 전화나 독
촉장을 받는가? 솔직하게 써보라. 예산을 세우지 않아서 생긴
결과는 어떤 것이 있었는가?

③ 예산을 세우겠다는 다짐을 하라.
독신이든 혹은 결혼을 했든 예산을 세울 것을 결심하고 예산을
세우려 노력해 보겠다고 말하지 말고 예산을 세우겠다고 말
하라. 나는 종종 어리석게 보이는 것들을 제안하지만 실제로
그것이 효과적이라는 것을 배워서 알고 있다. 예산을 세우겠
다는 다짐을 쓰고 사인을 하라. 결혼한 사람이면 부부가 함께
사인하라. 부부가 함께 동의하지 않으면 모든 부분에서 성공
적으로 될 수 없다. 부분적으로만 성공이 가능하다. 혼자서 해낼
수도 있지만 기혼이라면 다음과 같은 공약을 만들 필요가 있다.

┌─── 서 약 서 ────────────────────────────┐

나/우리는 예산작성의 집중훈련(intensive discipline)과 그 과정(Procedure)

의 18개월 동안 최선의 노력을 기울일 것을 약속함

　　　　　　　　　　　　　　　　년　　　월　　　일

서명 :

날짜 :

서명 :

날짜 :

└─────────────────────────────────────┘

위 약속에 반드시 서명을 해야만 하는 이유가 있다. 어린아이들이 유치원에서 가장 먼저 배우는 것이 무엇인 줄 아는가? 자신의 이름쓰기이다. 그 순간부터 죽을 때까지 자신의 서명을 함으로써 자신을 위탁(commit)하는 것이다. 학교 다니는 동안 제출하는 모든 것에 이름을 쓴다. 운전면허를 딸 때에도 서명을 하며 자동차를 구입할 때에도 구입자는 책임을 지는 것이다. 그래서 예산을 세우겠다는 언약서에도 사인이 필요한 것이다. 예산 세우기 과정이 불성실해지기 시작할 때 당신이나 당신 아내는 처음 서약한 언약서로 되돌아가서 당신들이 무엇을 하기로 했는가를 되돌아보고 확인해야 한다.

④ 예산작성 과정에 들어갈 준비가 다 됐다면 우선 고정지출 항목에서부터 시작하라. 예를 들면 자동차 할부금, 보험료, 또 기타 계약할부금 등이 있을 것이다.

⑤ 마지막으로 의복비, 식비, 가스, 다른 가변지출처럼 매달 사
용량에 따라 변할 수 있는 항목들을 집어넣고 예산을 검토하라.

(2) 예산서를 검토해 보자.

만약 개인적인 예산서(가계부)를 사용하고 있다면 당신 앞에
펼쳐놓으라. 당신은 어느 달부터라도 예산 작성을 시작할 수
있다는 사실을 주목하게 될 것이다. 반드시 1월부터 시작할 필
요는 없다. 그 예산서의 윗쪽날자란에 년도와 달만 써넣으면 된다.
   왼쪽 페이지의 가장 넓은 난은 청구서의 범주라는 제목의 난
인데 여기에는 14개의 항목이 나열되어 있다. 헌금, 저축, 투자,
주택, 생활비, 교통비, 신용카드, 개인경비, 의료비, 교육비, 문화비,
선물비, 여행비, 보험료, 세번째 난은 그달의 경비합계이다. 이
난에 매달, 각 항목과 회계에 대한 예산, 돈을 얼마 만큼씩 예산할
것인지를 써넣으면 된다. 다음난은 1부터 31까지 번호가 붙여져
있는데 이것은 한 달 동안 매일 매일을 위한 것이며 그날의 지출을
적는 것이다. 1~31까지 번호된 난 옆은 그달의 항목총계이다.
이것은 월말에 한달간 1부터 31까지 각 항목마다 사용한 금액을
총합하는 것이다. 예를 들면 드라이 클리닝 비용이 3월 9일 5.50불,
17일에 3.75불과 26일 9.50불일 경우 3월 한 달간 클리닝 비용은
총 18.75불이 된다. 이 합계액을 그달의 항목 총계에 적는 것이다.
그 옆 난은 각 항목마다 예산했던 것보다 더 쓰거나 덜 썼는지
여부에 관한 것으로 제목은 이달의 잔액이다. 그리고 마지막 난은

예산의 균형 여부를 알아보는 것이다. 번호앞에는 (+)나 (−) 표시를 하는데 (+)표시는 당신의 예산 세운 것보다 적게 돈을 썼다는 것이며 따라서 다음달 회계에서 좀더 여유가 있다는 사실을 의미한다. 만약 예산을 적절히 세운다면 수개월 동안 예산액수보다 다소의 차이가 생길 것이다. 매달 가능한 한 절약하고도 (−)를 기록한다면 이는 어쩔 수 없고 피할 수 없는 외출에 대해 필요한 만큼의 예산을 충분히 세우지 않았기 때문일 것이다. 후에 이야기 하겠지만 그렇다고 해서 (전체 예산을 변경할 때까지) 부적절하게 세운 예산을 고치려 하지 말라. 드라이클리닝의 예로 들어 살펴보자. 당신은 총 18.75불을 썼다. 예산 세우기는 25달러였고 실제 사용한 것은 18.17달러였다. 이달에 사용한 차용금이므로 당신은 +6.25를 얻을 것이다.

월 경비총액 25.00불
월 지출액   18.75불
이달의 잔액 +6.25

한달예산경비기록

범주		경비합계	날											
			1	2	3	4	5	6	7	8	9	10	11	12
헌 금	교회													
	자선단체													
	기타													
저 축	은행													
	채권													
	기타													
투 자	증권													
	채권													
	기타													
주 택	집세													
	세금													
	난방비													
	조명비													
	상하수도비													
	청소비													
	전화료													
	유지비													
	개량공사비													
	가구													
	설비													
	기타													
생 활 비	식비													
	의복비													
	드라이클리닝													
	기타													
교 통 비	자동차값													
	자동차 보험료													
	면허													
	자동차 유지비													
	통행료, 주차료													
	가솔린, 기름													
	기타													
신용카드														

짜																			항목총계	이달의잔액	균형여부
13	14	15	16	17	18	19	20	21	22	23	24	25	26	27	28	29	30	31	---	---	---

한달예산경비기록

범　　　주		경비합계	날											
			1	2	3	4	5	6	7	8	9	10	11	12
개인경비	미용/이발													
	일용잡화/조제하지 않은 약													
	주부 용돈													
	남편 용돈													
	자녀 용돈													
	기타													
의 료 비	건강진단													
	치과													
	조제약													
	교통비													
교 육 비	수업료													
	교재비													
	교통비													
	정기간행물/잡지													
	기타													
문 화 비	스포츠 관람													
	연주회													
	영화													
	외식													
	기타 여가													
	기타													
선 물 비	생일													
	크리스마스													
	기타 특별한 경우													
	기타													
여 행 비	휴가													
	기타													
보 험 료	가정													
	소유물													
	생명													
	건강													
	기타													
총　　계															

짜																			항목총계	이달의잔액	균형여부
13	14	15	16	17	18	19	20	21	22	23	24	25	26	27	28	29	30	31			

(3) 항목간의 예산을 검토해 보자.

예산을 세우기에 앞서 표 전체를 이해하기 위해서 각 항목에 대해 알아보자.

① 헌금(교회, 자선단체, 기타) : 우선 크리스천의 십일조부터 생각해보자. 어떤 사람들은 순수한 봉급받기를 원한다. 그러나 당신은 하나님으로부터 총체적인 봉급으로 복받기 원하는가 아니면 일한 대로 받는 품값을 원하는가? 나는 총체적인 봉급으로 복받기 원한다. 기타 자선단체를 위해 별도의 헌금도 필요하다. 걸 스카웃이나 국제 기아대책기구나 특수목적을 위한 선교단체나 지역의 기독교학교 그리고 당신이 지지하는 정당 등이 있을 것이다.

② 저축(은행, 채권, 신용조합 등) : 우리는 소득액의 10%를 저축하는 것이 적절한 재정계획이다. 십일조는 영적인 것에 대한 그리고 다른 10%는 현세의 생활을 위한 저축이라고 말할 수 있을 것이다. 은행에 최소한 월수입의 30%를 유동자금으로 두고 60%는 집으로 가져가라. 그러면 병이 나거나 사고가 일어났을 때 그 위기를 모면할 때까지 생활을 유지할 수 있을 것이다.

③ 투자(증권, 채권, 기타) : 이책에서는 돈을 벌거나 투자하는 방법을 가르치지는 않는다. 투자는 당신의 다른 재정계획과

결부되는 신중하게 계획된 예정표에 의해 이루어져야 한다.

④ 주택(할부금) : 집세나 임대료부터 시작하자. 주택할부금에 세금이나 보험료가 포함되어 있으면 이 항목을 공란으로 남겨두라(저당 1임대, 세금, 난방, 조명비, 다음의 4항목 – 난방, 조명, 상하수도, 청소비는 지역마다 차이가 나며 계절따라 다를 것이다. 상하수도, 청소비, 전화…). 서울특별시와 대전광역시의 난방비가 다르고 6월과 1월의 난방비가 다를 것이다. 이런 항목에 있어서는 평균치를 내서 고정액수를 정하고 남는 달에는 저금해두고 액수가 초과할 때 그 돈으로 지불한다.

항목간의 예산중에 ①~④까지를 검토하기 위하여서는 다음과 같은 것들을 검토해 보아야 한다.

• 지난 기록들을 통하여 하라.

평균치를 내기 위해서는 작년 난방비를 다 더한다. 인플레 요인이나 당신이 알고 있는 상승률을 모두 반영하여 12로 나누라. 그것을 월계산 총액란에 적고, 예산보다 더 나올 때 보유액에서 끌어오면 되는 것이다. 이 안전한 탄력성은 당신의 재정계획을 불시에 일어날 일을 대비함으로써 우리가 의도하는 바를 이루려는 것이다.

• 지난달의 기록을 보존하라.

어떤 항목에서 당신이 그동안 사용한 것에 대해 모를 경우 한 달 동안 사용한 것을 알아야겠다는 상황에 대한 생각이 들 것이다. 그렇다면 당신은 표를 연구하고, 보통수준의 달이었나를 평가한 후 적절한 조정이 있어야 한다. 예산을 세우기 위한 길잡이로 이 정보도 사용하라. 전에는 저축의 상황을 전혀 모르고 있었겠지만, 당신은 이제 경이로움을 느낄 것이다. 계획된 삶이란 세미나에서 한 사람이 말했다. "아내와 나는 한 달간 쓴 모든 것에 대해 알고 있습니다. 신용카드로 쓴 것까지 더해서 번 것보다 쓴 것이 훨씬 많을 때 우리는 곧 겁을 먹고 다시는 그렇게 하지 않게 됩니다." 이런 방식에 대해서 당신의 생각은 어떤가? 당신이 행하기로 마음 먹었지만 당신의 월수입은 고정되어 있기 때문에 각 항목에 얼마 만큼의 예산을 배정할 것인지를 알려면 당신의 지출이 평균에 달해야 함을 필요로 느낄 것이다.

다음은 전화비이다. 우수갯소리로 친척이 얼마나 멀리 떨어져 있는가에 의해서 전화요금이 달라진다는 이야기가 있다. 내 경험으로 자녀와 손자들이 얼마나 떨어져 사는가에 따라 차이가 생긴다는 것을 덧붙여 말할 수 있다. 일 년의 총계를 평균하고 건강과 사고 등 긴급상황을 위해 약간을 더하라. 가정의 유지비는 흔히 간과하기 쉽다. 가정을 유지하기 위한 최소한의 계획으로 집의 감정가에 대한 1%를 잡을 수 있다. 당신집이 6만불이면 매년 최소한의 유지를 위해 600불이 든다. 한 달에는 50불이 되는 것이다. 이것을 시작하고 계속한다면 지붕을 새로 하기 위해 저당잡힐 필요도 없고 집을 새로 칠하기 위해 페인트를 사려고 신용카드를 쓰지 않아도 될 것이다. 다음 세번째로 개량공사, 가구, 설비인데 당신집의 감정가의 1%를 배정해야 한다. 집값이 6만불이면 연간 500불, 매달 50불이다.

⑤ 생활비 : 의복비와 식비에 있어서는 아주 실제적이어야 한다. 가끔 사람들은 의복비로 쓴 일이 없다고 생각하지만 8월에 14살된 아이를 위해 사야할 것을 보면 바지 3벌, 양말, 티셔츠, 학교 신발, 테니스 신발, 겨울코트 등등 약 400불이 든다(교회에 입고갈 옷이나 특별한 경우에 입을 옷을 빼고도). 이런 식으로 계산하면 4식구가 한 달간 의복비로 150불을 쓰게 된다. 요즘 사는 것이 이렇기 때문에 식비, 의복비에 있어서는 현실적이어야 한다. 돈을 얼마 썼으면 좋겠다는 바람만 가지고서는 아무것도 할 수가 없다.

⑥ 교통비 : 집 다음으로 가장 비중이 큰 구매는 자동차다. 어떤 사람들은 자기 과시를 위해서 값비싼 자동차를 구입해서 타는 것이 필수처럼 되어버렸다. 자동차 랜탈업체에 따르면 한 대의 차를 갖고 굴리기 위해서 마일당 43센트가 든다고 한다. 이 수치가 좀 높을지도 모른다(하지만 우리가 1마일을 운전 안하면 43센트가 절약되므로 차를 안쓸 것이다). 차 때문에 드는 비용을 생각해 보고, 교통비란의 예산에 적어 넣어보라. 자동차값, 가솔린이나 기름, 유지비, 보험, 세금, 타이어, 면허세와 범칙금 등 차 때문에 드는 모든 비용을 더한 수치가 교통비가 되는 것이다. 여기서 팔 때의 값을 빼고 남은 것을 당신이 운전할 거리의 총 마일로 나누라. 예산을 세우는 목적중 하나는 난처한 일들을 피하도록 하는 것이다. 교통에 대해 충분히 예산할 수 있음을 믿으라. 그러면 자유스러움을 느낄 것이다.

⑦ 신용카드 : 신용판매 전문가인 조이 애스톤(Joy Easton)은 1981년 미국 월드 뉴스지에서 "어려움을 겪는 독신자 수가 늘어나고 있다. 특히 여자의 경우 더하다. 그들의 수입은 대개 1,200불에서 1,600불 범위인데 주택저당금을 뺀 빚이 8,200불로 가족을 가진 대부분의 사람들의 5,700불과 비교가 된다."고 말했다.

나는 경제학자는 아니지만 한 가지는 안다. 번 것보다 많이 쓸 수는 없으며, 그렇게 살 수도 없다. 그러나 신용카드를 마음 내키는 대로 쓰는 사람들이 많아지면서 이런 현상이 일어나고 있다. 평균가족은 5,700불의 빚을 지고 독신자는 8,200불의 빚을 지고 있다는 것을 생각해보라. 그렇다면 이러한 신용카드의 올무로부터 해방되어야 하지 않겠는가!

다음 장에서는 신용카드를 갖고 어떻게 쓸 것인가에 대해 논하겠지만 지금은 지출을 위한 돈을 따로 떼어두었으므로 카드를 사용할 필요가 없을 것이다. 이것이 예산작성과 수입과 지출을 어림잡는 것이다. 예산작성지에서 신용카드란이 있지만 이는 사용을 장려하고자 함이 아니라 그 사용을 없애나가기 위한 의도이다. 신용카드 회사명을 적어 넣으라. 그리고 매월 경비의 합계란에 최소한의 할부금액을 적어 넣어라(지불능력이 있다고 생각되면 할부금액을 더 크게 잡아도 좋다). 그리고 맨 오른쪽란의 균형을 이루는지의 여부를 묻는 차액란에 남아 있는 카드금액을 써라.

매달 이렇게 하다 보면 차액이 점차 줄어들 것이며, 당신은 그 감소되어 없어지는 재미를 느낄 것이다. 이와 같이 해서 당신은 한 달간 지불해 오던 만큼의 돈을 갖게 된다. 만약 신용카드를 사용하지 않으면 얼마되지 않아 곧 카드회사에서 카드 사용을 재촉하는 내용의 우편물을 보낸다. 나는 신용카드의 할부금이 350~500불 이상되는 예산서를 본 적도 있다. 당신에게 이런 문제가 있다면 고치라. 그리고 당신이 사인한 서약서를 충실히 따르라.

⑧ 개인경비 : 이 항목은 이발, 미용, 화장하는 모든 비용을 기록한다. 여기에 1년 간 사용되는 돈을 잘 생각해 보자. 이런 것들로 쓰는 돈을 계산하면 놀랄 것이다. 조제하지 않은 약과 잡화, 치약, 아스피린, 감기약, 비타민 및 식품첨가물들도 여기에 속한다.

주부의 용돈에 대해서 자세히 생각해 보자. 나는 주부가 자신의 몫으로 쓸 수 있는 돈이 있어야 한다고 주장한다. 이 돈에서 음식을 사거나 스타킹, 아이들의 것을 사서는 안된다. 이 돈은 주부의 몫이고 그녀가 원하는 대로 쓰여져야 한다. 지역 성경연구반이나 여성모임 등에 소속되어 있을 수 있고, 돌아오는 길에는 다른 사람들과 점심식사를 할 수도 있다.

내가 이를 주장하는 이유가 두 가지 있다. 하나는 주부 몫의 용돈을 할당하지 않는다 해도 어쨌든 이런 일들을 하기 위해 돈을 쓸 것이고, 둘째는 그 용돈이 없을 경우 음식 예산이나 기타 다른 항목 예산에서 돈을 써야 하므로 그들은 늘 죄책감을 느낄 것이기 때문이다.

그러면 얼마가 적당한가? 30불이 어떤가? 하루에 1불이 당신

아내에게 많다고 생각되는가? 사실 대부분은 이것보다 적게 쓴다. 남편의 용돈에 대해서는 그의 상황을 좀 고려해야 한다. 이를테면 그가 직장에 있는 동안에는 원할 때 언제나 냉장고 문을 열 수 있는 게 아니란 걸 기억하라(간식비 등을 더 생각해서 용돈을 넉넉히 주자는 의미). 아이들 용돈은 대개 월급제이다. 여기서 자세히 말하지 않고 다음의 장이나 혹은 세미나에서 자녀를 어떻게 가르칠 것인가에 대한 주제로 다룰 것이다. 사람들은 자녀에게 주급 5불을 준다고 말한다. 실제로 당신은 5불 가지고 할 수 있는 것이 별로 없기 때문에 이돈이 많아 보이지 않을 것이다. 그러나 두 아이일 경우에는 한 달에 40불이 된다.

⑨ 의료비 : 이 항목은 자기 설명적이다. 이 제목의 아래 것은 교통에 관한 것이다. 만약 당신에게 심한 병이 있다면, 수입세의 용도로 이것(아마도 교통)에 관해 알기를 원할 것이다.

⑩ 문화비 : 한 예로 내 아들은 레슬러이다. 10주 동안 1주에 2회씩 경기가 있는데 우리 부부는 매게임을 보려고 한다. 만약 그렇게 한다면, 각 2불씩 게임당 4불, 1주에는 8불, 10주에는 800불이 소요된다. 세 토너먼트는 오전엔 3불, 게임 중간이나 추가 경기는 2불로 한 사람이 하룻동안 5불이 든다. 이렇게 해서 우리 부부가 경기에 갈 경우 하루에 10불, 토너먼트가 이틀간이면 20불이다. 시즌 중에는 입장료만 150불이 넘어가기 쉽다(이는 매달 12불 이상이다). 레슬링 경기가 열리는 간격이

길게만 된다면 좋으련만 우리 아들이 6분 간 땀흘리고 노력하는 모습을 보는 것보다 더 귀한 것은 없을 것이다.

콘서트는 교회 공동체의 안팎에서 아주 크게 열린다. 만약 이를 위해 돈을 쓸 것이라면 예산을 세우라. 영화는 표 한 장에 4불, 팝콘 1불, 음료수 값으로 47센트가 든다. 가족 넷이 영화를 보러갈 때 한 사람이 한 자리씩 앉으려면 적어도 20불이 든다. 영화를 보러가지 않을 것이라고 말하지 않겠는가? 케이블TV나 가정의 거실은 어떤가? 어떻든 당신의 여흥을 위한 경비를 예산하여야 한다.

외식비도 예산에 반드시 포함시켜야 하는 것이다. 한 달에 적어도 한 번은 부부가 데이트를 해야 한다. 아이들을 빼고 저녁식사를 계획하라. 팁까지 포함해서 저녁식사의 경우 25불이면 적절하다. 만약 어린 자녀가 동석하여야 할 경우는 더 들겠지만 적절한 가격으로 메뉴를 잘 볼 수 없거나 무엇을 먹든지, 말할 수 없을 만큼 어두운 곳으로 가면 어떨까? 스키, 테니스, 서핑, 낚시, 볼링, 골프 등 다른 것은 어떤가? 만약 당신이 이런 것을 하려 하면 예산을 줄이려고 너무 서둘지 말라. 당신은 적어도 6개월 간은 이런 예산으로 살아갈 것이니 당신의 지출을 통하여 생각해 보라.

(4) 18개월의 약속

당신은 18개월 동안 예산세우기와 실행하기로만 서약서에 서명했다. 예산을 시작할 때 매월 경비합계의 각 항목을 사용하고

여섯 달 동안을 계산하라. 당신의 소비패턴을 알기 위해서는
적어도 여섯 달이 걸리기 때문이다. 여섯 달 후에는 예산을 적절히
수정하여 다시 짜고, 새 달의 경비합계를 다음 여섯 달 간 사
용하라. 이렇게 해서 한 해가 마무리 될 것이다. 다음해의 예산안을
잡고 새해를 맞이하라. 18개월이 끝날 때쯤 예산세우기가 즐거울
것이며 그만두고 싶은 생각도 없을 것이다. 오히려 예전에 어떻게
예산을 세우지 않고 살았나 이상하게 여겨질 것이다. 처음 6개월
간 당신의 소비성향을 알게 되며 예산대로 사는 어려움을 겪을
것이다. 다음 6개월은 예산 세운 효과를 실제로 생활에서 발견
하고, 다음 6개월 동안에는 예산 세우기에 열중하여 재미를 느
끼고 계속하고 싶어질 것이다.

　이 예산 계획을 목사들에게 가르쳤는데 한 목사가 그의 교회
에서 세미나를 열어줄 것을 부탁했다. 세미나에서 그 목사는
자신이 4개월간 예산을 세웠었다고 말했다. 그는 이 4개월 동안
현금을 가지고 있었기 때문에 바겐세일 때 아이들의 옷을 사줄
수 있었고, 그 아내와 함께 세 번이나 저녁에 외식을 할 수 있
었다고 얘기했다. 그것은 2년 전보다 더 많은 횟수인 것이다. 이와
같은 결과는 예산을 세운 덕택이다.

3

어디에 나의 돈을 두어야 하는가?

당신은 이 장의 제목이 어색하게 들리는가? 그렇지는 않을 것이다. 왜냐하면 당신은 돈을 보관하게 될 테니까 말이다. 그렇다면 먼저 몇 가지 문제점을 살펴보기로 하자.

(1) 당신의 예산은 균형을 이루어야 한다.

당신은 다달이 각 조항(항목)마다 예산안을 작성하려 할 때 전 수입액을 어떻게 할당해야 할지 고민하지 않아도 된다. 소비해야 할 필요가 있다고 생각한 각 항목이 있다면 그곳에 기입하면 된다. 그리고 나서 모든 합계를 하고 만약 그것이 보통 평균적이었으면, 당신은 당신이 버는 돈보다 쓰는 돈이 더 필요하다는 생각을 발견하게 될 것이다.

자 지금부터 예산으로 돌아가서 당신이 무엇을 결합할 수 있는지를 보기로 하자. 예를 들어 몇 가지 옷들을 당신의 성탄 선물을 위해 지출해야 할지도 모른다. 또는 휴가를 위해 가스와 음식물이 필요할 것이며 그러한 것들은 당신에게 매달 휴가 할 당액을 감소시키는 것을 도와줄 것이다. 당신은 당신의 지출액이 수입액을 초과하지 않을 때까지 계속 절약해야 한다. 아마도 당신의 채무 문제는 총생활비에서 가정유지비, 가구, 전기제품, 옷 등을 빼버릴 수는 없을 것이다.

나는 여러분에게 매달마다 각 통장에 얼마간을 넣어두라고 충고해주고 싶다. 그래서 그것이 습관화되면, 여러분은 적어도 지출액이 생길 때 당신에게 도움을 줄 적당한 얼마간의 여유를 가질 수 있을 것이다. 당신의 신용카드를 말소해 버릴 때(카드 채무가 다 끝날 때) 당신의 저축액은 나아질 것이다. 따라서 당신은 밀려있던 계산서들 역시 깨끗하게 처리할 수 있을 것이다. 그것은 당신에게 10%의 이익이 아니고 다른 뭔가를 얻게 되는 시발점이 될는지도 모른다. 비록 그것이 단지 1%라 할지라도 모든 은행구좌에 조금씩 저축하는 습관을 들여봐라. 당신이 무엇을 하든지 간에 하나님을 원망해서는 안된다. 당신은 하나님을 영화롭게 해야 한다. 그러면 그분은 당신을 영화롭게 하실 것이다. 당신은 빚진 후에 그 빚을 어떻게 갚아야 할지 궁리하는 것보다는 지금 당신의 수입의 범위내에서 생활을 유지시켜줄 그러한 결정을 하는 것이 더욱 쉬울 것이다.

(2) 나의 수입을 무엇으로 바꿀까?

보증제도 때문에 봉급쟁이들의 수입은 일정치 않다. 확실한 제도의 무역회사 노동자들은 그들의 수입 또한 계절에 따라 봉급의 차이가 있다. 나는 여러분에게 최근 두 해의 수입을 24개월로 평균을 내보라고 제안해 보고 싶다. 만약 당신이 그 수입액 한도내에서 예산안을 작성할 때 가장 호황기부터 가장 저조한 달까지의 수입, 지출액은 제외해야 한다. 그것은 당신의 수입량을 평가하는 데 적절한 수치를 기대하기 힘들기 때문이다. 나 역시도 또다른 수입은 내 계획보다는 항상 미치지 못했다. 그것을 직시해 보면 소비하는 것보다 돈을 벌어들이는 것이 더 힘들었기 때문이다.

(3) 달마다 유동적이다.

자, 당신이 한 달간의 예산편성을 곧 끝마쳤다면, 지금 당신은 무엇을 하고 있는가? 우선 당신은 각 항목마다 소비한 것을 합계할 것이고 그 다음 예산한 합계에 대한 소비량을 체크할 것이다.

① 이것이 나에게 무엇을 말하는지?

이것이 당신에게 무엇을 말하고 있는지를 보려면 앞장에서 세웠던 예산서를 검토해 보자. 언급된 드라이클리닝의 예로 돌아가보자. 9일에 5.50불, 17일에 3.75불, 26일에 9.50불, 총합 18.75불을 지불했다는 것을 기억할 것이다. 25불의 예산의 실례에서 우리는 이달의 예비수지의 부문에서 +6.25불을 가졌다. 이 양은 다음달에 차용금, 유지비, 전망란으로 전환될 것이다. 당신이 예산서에서 남은 +6.25불과 25불을 합한 31.25불은 그달의 드라이클리닝에 쓸 수 있게 예산을 짠다는 것을 의미한다.

한편 그 반대도 역시 사실이다. 우리의 예로 돌아가서, 만약 당신이 오직 15불을 예산하고 똑같이 18.75불을 쓴다면 이달의 잔액에서 3.75불을 갖게 된다. 이번달의 액수를 다음달 차용금, 유지비, 전망란에 넘긴다면 −3.75불과 15불은 그달에 드라이클리닝을 하기 위해 11.25불을 갖게 된다. 지금은 이 액수를 세울 때까지 그 부문에서 당신의 지출을 바꿔야만 한다. 만약 그 차가 너무 커서 한 달 안에 세울 수 없다면, 당신은 월예산 총계와 함께 그 액수를 가져올 때까지 그 뒤의 달에 줄이는 것을 계속해야만 할 것이다. 이것은 내가 계획된 삶이라는 주제에서 가르치는 세미나를 연 이유들 중 하나이다. 예산이 선 바깥에 있을 때, 가족회의를 열거나 선안으로 다시 되돌리고자 할 수 있는 모든 일을 찾도록 하라. 당신의 삶을 계획하라. 당신의 채권자와 주위 환경이 당신을 지배하도록 허락하지 말라.

② 실제로 해보자

이제 당신은 아마 예산 세우는 것을 통하여 각달의 수지에서 각각의 액수를 고수하는 것을 찾고 있는 것을 깨달을 것이다. 가능한 한 단순하게 지속하라.

③ 나의 수지 타산은 맞는가?

나는 자주 어떤 사람이 예산을 세울 때 무엇을 해야 하느냐는 질문을 받는다. 예를 들면 의복에 너무 많이, 그리고 먹는 것은 충분치 않게 그들이 서로 전환할 수 있는가? 글쎄, 당신은 당신이 원하는 것을 할 수 있다. 그것은 당신의 예산이다. 그러나 당장 당신이 그것을 시작하면 당신은 책임에서 회계로 가버리고 거의 당신이 편성한 예산에 머무르지 않을 전망이 확실하다. 그것은 너무 많은 혼란이 될것이다. 곧 당신은 혼란하게 되고 용기를 잃고 그만 둘 것이다. 그달의 수지에서 각각의 액수를 지키도록 자신의 마음을 가다듬도록 하라. 만약 그렇지 않고 당신이 부족하다면, 당신이 수지에 그것을 되돌릴 때가 단순하게 당신의 삶을 바꿔 나가도록 한다.

④ 그러면 모든 돈에 대한 결론은?

아마도 당신은 재산이 이 액수에서 늘어나기 시작할 것이라고 생각할 것이다. 당신의 당좌예금에서 이자를 얻는 곳에 예금을 하도록 결심하라. 보통 당신은 300불의 수지를 유지하는 것이나 이자를 모으는 것이 필요하다. 매달의 끝에서 예비금이 더 많은 이자가 예상되는 곳의 저금액으로 전환되고 곧 거기에 넣음으로 지불되는 더 높은 이자를 넣기에 충분한 곳에 당신의 재산들이 생겨난다. 다른 사람에게 이자를 지불하는 것을 대신해서 당신의 돈이 이자를 버는 것을 지켜보는 것은 기쁨이다. "성공한 사람들은 실패한 사람들이 하기 싫어하는 일을 하는 데 그들의 시간을 보낸다."라는 말을 기억하라. 당신은 예산을 세울 수 있다. 지시서를 따라가기만 하면 된다.

4

어떻게 돈을 관리할 것인가?

우리중 대부분은 어떤 종류의 예산을 유지하려고 한두 번쯤 노력했을 것이다. 아마도 우리는 사무기 공급가게로 가서 예산지를 구입하거나 우리 자신의 것을 만들려고 노력했을 것이다. 우리가 배운 것을 따라가 보면 예산을 세우고 그것을 유지하게 되는 것이다.

예산을 유지하기 위한 4가지 쉬운 방법을 알아보자.

① 모든 지출을 써야 한다.

당신과 당신의 배우자 또는 당신이 독신이라도 가지고 다닐 수 있는 주머니 크기의 노트가 필요하다. 개인적인 모든 약속, 해야할 일, 내가 무엇을 했나 하는 일기, 모든 지출내역을 하나의 코드 크기의 주머니 지갑 안에 넣는 시스템을 이용한다. 당신은 그러한 정교한 시스템이 필요없다. 7×15 나선형 메모책이면 족할 것이다. 그것은 아무 편의점이나 대부분의 문방구에서 살 수 있을 것이다. 그것들은 남자의 셔츠 주머니나 여성용 지갑에 알맞을 것이다.

지출의 현황을 나타내는 것은 그리 어려운 작업이 아니다. 당신이 돈을 집으려고 할 때 노트 역시 집어야만 한다. 예를 들어 식당에서 점심을 먹는다고 가정해 보라. 계산서를 지불하려고 계산원에게 돈과 계산서를 건네준다. 계산원이 금전등록기의 키를 누르고 잔돈을 계산할 때 당신은 자신의 노트를 꺼내 지출 비용과 내역을 적도록 하라. 그것은 계산원이 잔돈을 준비하는 것보다 더 오래 걸리지 않을 것이다.

이 시점에서 내가 모든 지출이라고 말한 것이 무엇인지 의아해 할지도 모른다. 내가 의미하는 것은 모든 지출이다. 나는 내 책을 통해서 또 주차미터기에 10센트를 넣거나, 신문이나 전화를 걸기 위해 25센트를 지불하는 것을 당신에게 보여줄 수 있다. 이러한 습관을 갖도록 하라. 당신의 소비가 억제되고 또 계산되고 조절되는 것을 알게 될 것이다.

예산의 목적을 기억하라. 당신은 이것이 어리석다고 생각할지도 모른다. 나는 당신에게 표어를 다시 들려주고 싶다. "성공한 사람들은 실패한 사람들이 하기를 원치 아니하는 것을 하려고 한다." 성공적으로 예산을 세우는 사람들은 모든 비용을 적는 사람들이다. 나는 무엇을 어디에 소비했는지를 알 수 있는 모든 지출 내역을 적기 시작할 때 "머리가 멍해진 계획, 삶"이란 세미나 참석자들로부터 얼마나 많은 편지를 받았는지 모른다.

② 당신은 이 지출 내역을 예산책에 옮겨 적어야 한다.

이것이 얼마나 쉬운지 보라. 당신의 예산책을 침실에 있는 화장대에 두라. 왜 거기에 두느냐고 당신은 물을 것이다. 대부분의 사람들이 잠자리에 드는 준비를 하는 것은 거치는 일과이기 때문에 거기에 두는 것이다.

그 책의 내용을 예산책으로 옮기는 것을 밤의 일과의 한 부분으로 만들라. 만약 당신이 하루에 5가지 지출을 했다면, 대부분 우리에게 전망이 있는 아주 큰 날이 될 것이다. 그것들을 예산책에 적는 데에 얼마나 시간이 오래 걸릴까? 60초 혹은 70초면 충분하다. 빚을 얻지 않는 것과 빚에서부터 자유할 수 있는데 밤의 1분을 투자하는 것이 가치 있는 일이지 않은가? 이 일을 미루지 않게 하는 열쇠는 그것을 매일 반복하는 것임을 기억하라. 만약 일주일이 다 지나갈 때까지 기다리고 모든 지출을 다시 쓰려고 하면 안된다. 다시 말한다. 성공한 사람들은 실패한 사람들이 하기 원치 않는 것을 한다.

③ 이것을 매주일 점검하라.

간단한 일이다. 모든 부분을 체크하지 말고 달라진 것과 다음주에 쓰려고 하는 것만 체크하라. 돈이 얼마나 남아 있는가? 다음주에 어린이 옷 세일이 있는가 알아 보라. 토요일 밤이 이런 일 하기에 적합하다. 나의 아내 메리는 내가 헤어드라이를 하는 동안 이 일을 했다. 또한 하나님께 대한 당신의 신앙을 잘 나타내는 체크 리스트를 쓰기에도 좋은 시간이 될 것이다. 다음 단계는 당신을 빚으로부터 해방시켜주고 그 상태를 유지시켜줄 것이다.

④ 돈을 쓰기 전에 예산책을 열어서 남아 있거나 보유하고
있는 돈이 있는가 보라. 만약 없으면 돈을 쓰지 말라.

바겐세일이 있으면 어쩌겠는가? 당신이 가진 돈이 없으면 바
겐세일도 소용없다. 바겐세일은 또 금방 다시 할 것이다. 버스나
마찬가지다. 조금 기다리면 다른 것이 온다. 예산 작성 과정을
시작하면서 더이상 체크북에 돈을 갖고 있는가를 묻지 말라.
당신의 체크북에는 돈이 있을 것이다. 사실 우리와 같이 계산이
시작되면 당신은 체크북과 은행에 상당한 돈을 남겨 두게 된다.
쓸데없는 질문이다. 대신 예산을 짜고난 보유액이 있는가를 질
문하라. 마지막 단계는 당신의 재정적인 부분에서 어떤 변화가
생겨났으며 어떻게 더 호전될 것인가에 관해서이다.

한 젊은 신문사 편집인이 다음과 같이 썼다. "계획된 삶의
세미나에 참석하기 전 나의 체크북과 금전 경영은 형편 없었다.
로스 씨 부부의 방문을 뉴스 스토리로 다룰 계획을 했으나 나는
직업상의 노트 뭉치를 내려놓고 개인적인 차원에서 간단히 메
모하는 정도만 시작해야 한다는 걸 알았다. 내가 얼마나 벌고
있는지는 생각도 않고서 살아왔지만 이제는 더 생각하고 덜 사
들이게 되었다. 예기치 못한 자동차 사고 같은 때에는 이제 더
이상 은행에서 돈을 빌리려고 허둥대지 않아도 되었다. 이런
사고에 대비해 지금은 저축을 하고 있다."

한번더 말하자면 성공한 사람들은 성공하지 못한 사람들이
꺼리는 일을 하는 데 그들의 시간을 투자한다.

5

플라스틱 감옥

어느 채무 상담가는 우리에게 신용카드를 없애버리라고 말한다. 나는 그렇게 하라고까지 말하진 않지만 당신이 제어능력이 없고 신용카드 구매습관을 버리지 못한다면 카드를 고무줄로 묶어 서랍 제일 깊은 곳에 넣어둘 것을 제안한다. 수표나 어음을 현금으로 바꾸지 못한 경우, 신용카드 두 개 정도는 있어야 하는데 이것은 당신을 곤란스럽게 할 수도 있다. 가솔린 카드, 백화점 카드처럼 말이다. 신용카드는 은행이나 회사가 당신에게 얼마간의 돈을 쓰도록 허용한다는 것 같은 뜻으로 일종의 대부나 다름없다.

이런식으로 생각해 보라. 내가 당신에게 은행에 가서 돈을 조금 빌려오면 당신과 저녁을 먹으러 나갈 수 있다고 말한다면 그런 일로 돈을 은행에서 빌리는 것이 된다. 기한이 되어서 돈을 갚기만 하면 신용카드의 편리성은 놀라운 것이라고 말들 하고 그렇게 들어왔다. 하지만 만기일에 돈을 갚지 못하면 당신은 이자를 물어야 하고 오늘날 이런 이자금만 해도 20%를 넘어서고 있다.

(1) 긴급한 사태

신용카드가 정말 필요한 위급 상황이 있다. 당신은 대전에서 사는데 부산이나 광주에 사는 어머니가 병이 나서 당신이 꼭 가봐야만 할 때에 돈을 가지고 있지 않다면 바로 이때 신용카드를 쓰게 된다. 이런 경우가 위급 상황이라 할 수 있다. 그러나 카메라의 새 렌즈나 스테레오의 턴테이블을 사고 싶다는 것, 혹은 가족의 저녁 외식이 위급상황일 순 없다.

예산에서 보유액이 있는가? 이것이 이 항목(위급상황)에 대한 질문이다. 누군가 말했다. "가치가 없고 사치한 것, 먹어 없어질 것, 바르거나 칠할 필요가 있는 것에 대해서는 신용카드를 쓰지 말라." 신용카드를 꼭 쓸 필요가 있고 정말 그것이 위급한 상황이라면 가능한 한 빨리 그 대금을 지불하도록 애써라. 카드 이자액이 많은 사람들의 미래를 갉아먹고 있다. 플라스틱 감옥에서 벗어나겠다는 의지를 굳게 하라. 과거 어리석은 사람과 그의 돈은 얼마가지 못해서 분리되었다. 오늘날 점점 이런 사람들이 많아지고 있는데 결코 그렇게 되어서는 안된다.

(2) 성경이 말하는 예산

•"네 재물과 네 소산물의 처음 익은 열매로 여호와를 공경하라. 그리하면 네 창고가 가득히 차고 네 즙틀에 새포도즙이 넘치

리라"(잠 3 : 9~10).

- "의인의 수고는 생명에 이르고 악인의 소득은 죄에 이르느니라"(잠 10 : 16).
- "부지런한 자의 경영은 풍부함에 이를 것이나 조급한 자는 궁핍함에 이를 따름이니라"(잠 21 : 5).
- "지혜 있는 자의 집에는 귀한 보배와 기름이 있으나 미련한 자는 이것을 다 삼켜 버리느니라"(잠 21 : 20).
- "네 양떼의 형편을 부지런히 살피며 네 소떼에 마음을 두라. 대저 재물은 영영히 있지 못하나니 면류관이 어찌 대대에 있으랴. 풀을 벤 후에는 새로움이 돋나니 산에서 꼴을 거둘 것이니라. 어린 양의 털은 네 옷이 되며 염소는 밭을 가는 값이 되며 염소의 젖은 넉넉하여 너와 네 집 사람의 식물이 되며 네 여종의 먹을 것이 되느니라"(잠 27 : 23~27).

(3) 예산을 위한 격언의 인용

- 내가 모든 종류의 돈을 갖고 있다면 빚에 꽉 묶여 있는 것이다.
  ー미상
- 신은 네가 원하는 모든 것을 취하되 그것을 위하여 지불하라고 말한다.
  ー스페인 속담
- 우리의 수입만으로 살 수 없는 가장 큰 이유는 미래 삶을 고려하지 않기 때문이다.
  ー미상
- 이번 여름 당신의 휴가를 보내기에 적합한 장소는 당신의 예산에 가까운 장소이다.
  ー미상

• 우리는 그돈이 어디로부터 오는지에 따라서 또 하나의 영수
  증을 갖게 되고 우리는 매번 충당하지만 어느 장소에서고 결코
  법정을 통과하게 하지는 않은 것이다.   -월 로저스
• 오늘 어쩔 수 없이 보이는 것들로 할 수 없을 것 같지만 내
  일이면 요구하는 것들을 청산할 수 있다.   -미상
• 누구든지 때때로 낯선 일을 볼 때가 있다. 빚으로 달아놓고
  전대를 사는 친구처럼.   -미상
• 큰 분야의 기업의 소유자나 설립자들에게 그 성공에 대해 비
  밀스럽게 묻는다. "글쎄요. 당신이 알다시피 나는 단지 가난한
  농가의 소년이었습니다. 많은 교육도 받지 못했습니다. 당신
  들은 깨닫지 못하겠지만 당신들은 두뇌 사용하는 것을 잘 이
  해하고 있습니다."

제 4 장
위기에서 어떻게 결심해야 하는가?

1

결정하는 사람은 믿음의 사람이다.

우리 인생은 영화의 한 단면들을 연결한 것과 같다. 그것들은 우리가 의사 결정을 해야 하는 영원한 삶의 부분들을 잘라낸 순간들인 것이다. 그것들은 우리들의 의식주, 직업, 외모, 가족, 우리들의 장래 및 궁극적인 종착지를 포함한다. 이러한 결정들의 대부분은 너무 미소하기 때문에 거의 생각하지 않고 결정하며 실제적으로 많은 것들이 버릇처럼 되어 버렸다.

우리는 직업교육, 결혼, 투자 등과 같은 많은 중요한 결정을 해야 할 순간에 직면하게 된다. 어떤 경우에는 우리들의 인생에 있어서 치명적인 위기로 나타난다. 건강의 악화 또는 심각한 경제적 좌절 등의 형태로 우리에게 온다. 또 다른 위기는 아주 어려운 결혼 문제의 형태로 야기된다.

야고보는 이것에 대하여 다음과 같이 말하고 있다. "내 형제들아 너희가 여러 가지 시험을 만나거든 온전히 기쁘게 여기라.

이는 너희 믿음의 시련이 인내를 만들어 내는 줄 너희가 앎이라. 인내를 온전히 이루라. 이는 너희로 온전하고 구비하여 조금도 부족함이 없게 하려 함이라"(약 1 : 2~4).

위대한 장군은 전쟁이 있을 때 나타나지 평시에는 존재하지 않는다.

(1) 당황하지 말고 체계적으로 대처하라.

내가 느끼고 살아온 삶에 있어서 여러 번 위험한 상황을 갖게 된다. 나에게 직면한 문제들을 해결해야 할 때는 나와 나의 가족들의 장래에 해당되는 많은 부분들을 결정해야 한다. 내가 워싱턴 주 밴쿠버에서 목회를 할 때 나는 건강의 문제를 가지고 있었다. 31세였을 때 나는 밤중에 매우 이상하고 약한 느낌을 가지고 깨어났다. 내가 일어나려고 시도했을 때 몸 좌측 부분에 마비상태를 느끼며 쓰러졌다. 물론 나의 아내는 즉시 응급차를 불렀고 가까운 병원의 응급실로 옮겨졌다. 그때 나는 몰랐으나 나의 아내가 병원에 도착했을 때 의사는 아내에게 내가 뇌일혈이나 심장마비 증세가 있었을 것이라고 했다고 한다. 또한 나의 생명도 밤새 회복할 수 없다고 말했다.

그들은 나의 몸을 진단하였고 1주일 동안 입원시켜서 모든 일반적인 시험을 실시하였다. 의사들은 좋은 소식과 나쁜 소식을 가져왔는데 좋은 소식은 죽지 않는다는 것이고, 나쁜 소식은 야생초나 불사조처럼 강한 사람으로 거칠게 살아 왔지만 감정적으로나 신체적으로 완전히 지쳐 있다는 것이었다.

나는 나쁜 자아상을 가지고 죄의식과 양심의 가책없이 목회를
하여왔다. 나는 정신적, 감정적으로만 아니라 육체적으로도 파
멸된 사람이었다. 나는 이러한 경험으로부터 옛모습으로 돌아
가는데 1년 동안 투쟁하였고, 내가 내 인생에 있어서 해야할 일에
대하여 어떤 결정을 했다.

(2) 사업의 압박

우리들 중에 어떤 사람은 탐욕스러워지기 쉽다. 우리는 우리
들이 접해야 할 자아와 자연적 욕구를 인정해야만 하는 것이다.
나는 일과 중 일을 함으로써 오로지 5개 구좌에 자금을 모았다.
이 일은 잘 진행되었고 자금 모금 효과가 양호한 규모의 광산과
같은 소규모 조직을 개설하였다. 이 일을 감독하기 위하여 사
람들을 고용했다. 나는 전에 그와 함께 일했던 적이 있었으며
내가 요구하는 모든 일을 잘 수행해 주었다.
그는 재능이 대단했다. 그러나 내가 지칭한 전형적인 관리
실수를 자행했다. 이 사람에게 어떤 일하기를 요청했으나 그는
할 능력이 없었다. 특별한 진전없이 4개월이 지났다. 43,000불을
투자했으나 아무것도 모아진 것은 없었다. 자료에 기록되고 팸
플릿, 책자 및 환등기 발표는 시작되었으나 자금은 모아지지
않았다. 위기가 발생했다. 나는 세 가지중 하나를 선택해야 할
시기가 도래한 것이다.
첫째, 이것을 극복하기 위하여 이 계획을 계속 추진해야 하나
사실은 실패한 것이다.

둘째, 내가 추진하던 5개 구좌를 포기하고 이 사업을 계속하여 사업을 마칠 때까지 이 사업에 종사하는 것이다.

셋째 : 사용했던 43,000불을 갚고 이 사업을 끝내는 것이다.

잘못 결정하였을 때 의사 결정권자는 무엇을 할 것인가? 그는 또 다른 결정을 한다. 그런데 의사 결정은 믿음을 근본으로 한다. 믿음은 의사 결정 과정에서 중요한 단어이다. 우리가 결정할 때 일들이 어떤 결과를 가져올지 아무도 모른다. 결혼을 할 때 결혼 그 자체는 인생을 결정하는 것이다. 우리들중에 한 사람은 요청하고 다른 사람은 허락하며 약속은 믿음 가운데 이루어진다.

한 직업을 그만두고 이직할 경우 항상 일이 잘될 것이라는 믿음이 있어야 한다. 집을 구입하여 새로운 지역으로 이사를 한다든지, 자동차를 구입하는 등 모든 일들은 믿음으로 결정하여야 하며, 올바른 결정을 했었다고 영원히 보여야 한다. 항해하는데 신나는 일중에 하나는 해지기 전 부두에 정박하고, 닻을 내리고, 좋은 저녁을 먹고, 자는 일이다. 우리들의 닻과 닻줄의 강도를 시험하기 위하여 밤중에 바람이 불어오는 것을 본 적이 있다. 인생에 있어서 의사결정, 특히 위기상황에서의 의사결정은 믿음에 대하여 언급하게 될 것이다.

(3) 우리 인생의 기준선 및 일이 순탄하지 않을 때 처음으로 되돌아가는 것이 필요하다.

주 하나님(God)은 나에 대한 기준선이다. 나의 인생에 어떤 일이 있다 하더라도 주 하나님은 놀라지도 않고 나를 버리지 않을 것이라고 확신한다. 주 예수께서는 우리 곁을 떠나지 않으시고 우리를 버리지 않으신다고 약속하셨다.

예수님과 제자들은 배를 타고 호수를 건넜다. 갑자기 폭풍우가 다가올 때 예수님은 주무시고 있었다. 제자들은 배가 가라앉을 것으로 생각했다. 그래서 예수님께 구해 달라고 요청한다. 성경은 예수님이 어떻게 폭풍우와 바람을 잔잔하게 하였는지 기록하고 있다. 킹 제임스(King James)성경의 마태복음 8:23절을 보면 "배에 오르시매 제자들이 좇았더니"라는 아름다운 개념이 표현되어 있다. 위기상황이 심각할 때 예수 믿는 신앙인이라면 당신이 무엇을 하기 전에 예수님이 배에 타셨고 폭풍우가 무엇이든지 간에 예수님은 당신을 보호해 주실 것을 기억할 것이다. 주 하나님은 당신을 대적하지 않으며 당신을 위해 존재하신다. 하나님은 당신이 이기기를 원하신다. 우리는 하나님의 은혜로 어떤 일이 되기를 요구한다.

예수님의 생애를 연구해보면 그는 직업에 따라 사람을 부르지 않았으며 그들이 무엇이 되기를 원하셨다. 세리였던 마태는 그 당시 많은 사람에게 미움을 받았다. 그는 로마정부의 세금을 맡았던 유대사람이었다. 세리로서 다른 유대사람에게 세금을 걷어서 로마로 보내는 임무였다. 대부분의 세리들이 수수료를 받는 것과 같이 그도 역시 사욕을 채웠다. 정직하거나 부정직하거나 세리들이 많은 세금을 걷으면 걷을수록 그들은 부자가 되었다. 만약 세금이 500불이라면 세리들은 600불을 걷어서 100불은 사취하는 것이다. 예수님은 마태가 세리이기 때문에 부르신 것이 아니다. 신앙인이 되기 위한 마태를 원하신 때문이었다.

거칠고 성격이 급한 어부 베드로도 그가 어부이기 때문에 예수
님이 부른 것은 아니다. 예수님은 충성된 종을 원해 베드로를
부르신 것이다. 세계 전지역에 복음을 전하는 권위있는 사람이
되기 위해 예수님이 부른 것이다. 이것이 주 하나님 안에서의
믿음을 의미하는 것이다.

나는 나의 현재의 직업이 아니라 종이 되기를 원하는 것 때문에
하나님이 나를 부르실 것이라는 믿음을 가지고 있다. 하나님은
나의 인생에 대한 책임을 가지고 있다. 하나님은 나에게 생의
종착지를 만들어 주었다. 이것이 내가 이 세상을 살아가는 데
목적이 되며 지구에 존재하는 이유이다. 나는 종착지에 충족하기
위하여 나의 재능과 능력을 발휘해야만 한다. 주 하나님은 우리
안에 역사하시며 우리를 그의 영광의 도구로 형상을 빚고 만들
기를 허락하신다.

(4) 당신 자신이 믿음을 가져라

에델 워터(Ethel Waters)는 "하나님은 흔들리지 않는다"라고
말했다. 야고보는 행함이 없는 믿음은 죽음과 같다고 명시할 때
신앙인의 삶의 위대한 진리를 언급했다. 당신은 인생에 있어서
책임으로부터 결코 격리될 수 없다. 그러니 시도해보지도 말라.
그는 당신을 보호하기 때문에 당신의 모든 해야할 일은 그에게
던지라는 것을 우리가 앉아서 우리의 문제에 아무일도 하지 않는
것이라고 가정해서는 안된다.

당신과 나는 우리의 가족과 함께 경제적으로나 도덕적으로

우리의 생을 망친 다음 하나님께 달려가서 "미안합니다"라고
말한다. 그리고 우리가 행했던 모든 일에 대한 책임을 우리들
로부터 제거해 달라고 하는데 이것은 용납할 수 없다. 우리가
우리의 행동에 책임을 느낄 때 갚아야할 청구서, 연기해야 할
사죄, 취급해야할 일들이 있다.

　성경에서 나는 주 하나님이 불량한 관리에 보조금을 줄 의무가
있다는 것을 발견했다. 우리 인생을 망친 다음 하나님께 달려가서
모든 것을 예전과 같이 돌려달라고 할 권리가 우리에게는 없다.
"랜슨, 당신은 기적을 믿지 않습니까?" 누가 이렇게 묻는다면
나는 믿는다고 대답한다. 나는 하나님의 불가사의한 기적을 알고
있다. 그는 병을 고칠 수 있다는 것을 믿는다. 그는 나의 생과
내가 알고 사랑하는 모든 사람들의 생에 있어서 주위환경을 정
리하고 재정리하신다. 주 하나님의 기적에 조금도 의심할 여지가
없다. 더욱이 그는 언제나 우리에게 기적을 줄 수 있으나 영원히
우리에게 기적을 줄 의무가 있다고 생각하지는 않는다. 우리가
어떻게 행동해야 하고, 악에 저항하고 어떻게 살아갈 것인가를
말해주는 하나님의 말씀(Word of God)은 많다. 하나님은 우리의
행동과 선택에 책임을 지신다. 올바른 선택을 하기 위하여 하
나님을 믿고 우리들 자신에 대한 믿음도 가져야 한다.

(5) 우리들의 능력에 믿음을 갖도록 해야 한다.

　어떤 사람이 항상 할 수 있다는 것을 알고 있는데도, "아니오.
나는 할 능력이 없습니다."라고 그릇된 인간성으로 일관하는 말을

듣는 것보다 더 구역질 나는 일은 없다. 이것은 가장 나쁜 자만심이다. 내 아내는 할 수 있는 것을 아는 사람의 좋은 예이다. 메리는 우수한 목금 악기 연주가이다. 나는 그녀의 마림바(목금 악기) 연주를 듣는 것을 좋아한다. 사람들이 우리집을 방문했을 때 마림바를 보고 누가 연주하는지 질문을 한다. 아내는 항상 "제가 연주합니다."라고 말한다. 그렇게 많은 사람은 아니지만 아내에게 연주할 것을 부탁하면 "네, 해보지요."하며 몇 분 동안 그녀가 할 수 있는 것을 연주한다. 그녀는 악기를 연주할 수 있음을 알고 그릇된 인간성을 가지고 그녀의 시간을 소비하지는 않는다.

할 수 있는 것을 알고 임무를 완수할 수 있는 자신의 믿음을 갖는 것은 항상 올바른 것이다. 이것은 자만심이 아니고 자신감인 것이다. 하나님이 나에게 이런 능력을 주셨다는 것을 알고 그가 선택할 때 그는 우리 곁을 떠날 수도 있다.

나는 이런 은사와 능력을 주신 이에 대한 신뢰를 주도록 노력한다. 내가 그것들을 소유하고 있는 한 그들이 필요로 할 때 그것을 사용하기를 기대하고 있음을 믿는다. 나는 내가 할 수 있는 일을 경험함으로써 배웠고 내가 할 수 있는 일이 무엇인가를 알려는 데 집중했다. 나는 더 이상 내가 할 수 없는 일을 하려고 나의 시간을 소비하지 않았다.

나는 자동차 수리를 잘못한다. 내가 할 수 있다고 기만하지 않았다. 나는 수리공이나 전기 기술자도 아니다. 그러나 나는 나의 배에 하기를 좋아하는 몇 가지 일이 있다. 그것은 배를 깨끗하게 하여 벗겨내고 페인트 칠하는 것이고, 엔진오일을 갈아 넣는 간단한 정비이다. 그러나 나는 제한된 나의 기술로는 전기 장치, 엔진 및 기술적인 일들을 할 수 없다. 나는 이런 일을 위하여 사람을 고용한다. 몇 년이 지나는 동안 내가 할 수 있는 일들을 전념하여 배웠다.

어떻게 나의 은사를 규정할 수 있을까? 은사의 증명은 과정이다. 이 과정에서 우리가 필요한 모든 경험을 수행하게 된다. 어떤 사람은 그들이 일을 완전히 하지 않았을 때 부정적인 경험이라고 부르나 내가 할 수 없는 일을 발견할 때 당신이 실패자라고 하는 것은 의미가 없다. 지금 당신이 할 수 없는 일을 알고 이 일을 시도하는 것을 포기하는 것이 의미가 있다.

토마스 에디슨(Thomas Edison)은 백열등의 필라멘트를 발견했다. 그는 여러 달 실험을 했으며 실제로 전구에 빛이 나게 하기 위하여 8,000번의 실험을 했다. 에디슨은 말했다. "나는 어떤 실패도 하지 않았습니다. 나는 지금 연구하지 않을 7,000개의 일을 알았습니다."

이것은 우리가 할 수 있는 것을 배우는 같은 이야기이다. 당신이 할 수 없는 일을 발견할 때마다 기뻐하라. 그것을 귀찮아 하지 말라. 당신의 힘을 잃지 말라. 당신이 잘 할 수 있는 실행에 의해 발견할 수 있는 분야에 당신 자신이 노력할 것을 결정하라. 다시 강조하지만 진정한 헌신은 할 수 있는 것이 무엇인가 알고 하나님의 영광과 찬양에 대한 것으로 하도록 선택하는 것이다.

2

의사 결정 과정의 *6단계*

위기로부터 벗어날 수 있는 원칙을 단어의 첫자를 모아서 나타낼 수 있다. 의사결정을 할 때 언제나 이 과정을 거치는 것은 아니다. 나의 전자 두뇌 컴퓨터(brain computer)의 기억력이 마비되었거나 생각이 나지 않을 때 이 방법을 사용한다. 그러면 다시 나의 마음을 움직이기 위하여 이 여섯 가지 일들을 따라 하게 된다. 어느 시기에 나에게 가장 나쁜 일은 정신적인 고정관념으로 시작되어진다. 내가 계속적으로 마음을 움직이는 한 결정해야 할 답을 종종 얻게 된다.

(1) YES원리

YES는 모든 일을 분별있게 산출하는 것을(Yield to Everything Sensible) 의미한다. 이것은 할 수 없는 일에 대하여 초조하게 시간을 보내지 말라는 의미이다. 그것에 대하여 할 수 있는 것만 착수한다. 항상 끝낼 수 있는 일은 있게 마련이다. 할 일이 없다면 종이 한 장을 꺼내서 문제의 윤곽을 그리고 가능한 해답을 쓰는 것이다. 그러면 당신으로 하여금 결과를 도출하게 할 것이다. 다르게 표현하면 YES의 원리는 당신의 상식을 사용하고 당신이 할 수 있는 것을 하라는 의미이다.

(2) PEN원리

모든 일을 완수한 이후 PEN원리를 적용하여 해야할 일을 알게 된다. PEN원리는 지금 진실하게 기도하라(Pray Earnestly Now)는 의미를 갖는다. 내가 하나님을 향할 때 문제에 대하여 내가 할 수 있는 것을 완수했다는 것을 알고 싶어한다. 그러면 그의 도움에 대하여 그에게 이야기할 수 있는 편한 마음을 느낀다. 하나님은 매우 인격적이고 내가 하고 있는 모든 일에 관심을 가진다는 말씀을 체험하게 되는 것이다. 나에게 일어나는 어떤 일은 하나님을 놀라게 할 수 없다.

나는 나의 두 아들의 아버지가 되신 나의 하나님 아버지와의 관계에 대하여 많은 것을 배웠다. 그들에게 문제점이 발생했을 때 그것을 어떻게 해결하고자 하는지 알기 위하여 그들을 주시한다. 내가 즉시 끼어들어서 그것들을 해결하려고 하지 않는다. 그들이 배워야만 할 확실한 일들이 있다. 그러나 나는 항상 그들이 원한다면 그들을 도울 수 있다는 것을 그들로 하여금 알게 하려고 노력한다. 그들은 내가 항상 관심이 있고 주시하고 있음을 안다.

그들은 내가 도와줄 수 있고 도와줄 것이라는 것을 알고 있으나 그들은 할 수 있는 것은 책임을 지고 해야 한다는 것을 안다. 나의 두 아들과 나는 어떻게 배우고 성숙시켜 나가야 하는지를 알게 된다. 그들이 할 수 있는 일을 완수한 후에 나는 그들이 나에게 오기를 원한다. 그런 다음 우리는 협력해서 그들의 인생을 이루는 데 필요한 계획을 세우고 노력하게 된다. 내가 할 수 있는 일을 완수한 후 결국 하나님과 나는 협력하여 나를 생육 성장시키기 때문에 나는 기도한다.

(3) SEE원리

이 시점에서 모든 경험을 수집하라(Summon Every Experience)는 SEE원리를 사용해야 한다. 내가 기도하고 할 수 있는 모든 일을 완수할 때 나는 다음과 같은 질문을 해야 한다.

"누가 다음 단계의 일을 도와 줄 수 있을까?"

"지난날 나의 경험이 지금 도움이 될까?"

"어떤 사람이 이와 비슷한 일을 수행했을까? 그와 대화를 통하여 문제점 해결을 위한 충고와 전망을 얻을 수 있을까?"

나의 현 문제점을 해결하는데 하나님은 지난 과거 경험을 수행하게 하는 것을 발견하였다. 내가 목사로 재직하던 교회에서 사업을 시도하는데 대단히 여유가 없는 시간 계획하에서 수행하게 되었다. 이 사업의 책임을 맡은 참모진들은 수행하는 데 실패했고 일을 완수해야 할 시간은 점점 다가왔다.

나는 우선 이 일을 마치기 위하여, 책임을 질 수 있는 사람을 분석하기 위하여 할 수 있는 모든 일을 했다. 희망이 없음을 알았을 때 나는 기도했고, 내가 알고 있는 사람들 중 이일을 완수하기에 충분한 기술을 가진 사람의 명단을 작성하기 시작했다. 도처에 있는 사람들에게 연락한 후 임무는 재부여 되었고 정해진 시간에 완성하였다. 이것이 당신을 도울 수 있는 지난 과거의 모든 경험을 소집하라는 SEE 원리를 의미하는 것이다.

(4) GOD원리

GOD원리는 하나님의 전지 전능한 능력(God's Omnipotent Dealings)을 의미한다. 문제점이 대단히 크다 할지라도 하나님은 도움을 줄 수 있기에 충분하다는 것을 아는 것이다. 이것은 비록 하나님이 이루신다는 것을 모르고 있어도 하나님은 우리를 위하여 종종 일을 하신다는 것을 상기시키는 것이다.

사라가 아이를 가질 수 없을 때 하늘의 사자가 아브라함에게 그녀가 아들을 가질 수 있다고 전했다. 그때 그녀는 비웃었다. 그녀가 의심할 때 그녀는 사자로부터 다음과 같은 말씀을 들었다. "여호와께 능치 못할 일이 있겠느냐? 기한이 이를 때에 내가 네게로 돌아오리니 사라에게 아들이 있으리라"(창 18：14).

때때로 우리의 생은 참을 수 없을 것 같다. 사업이나 가정의 압박감은 계속적으로 유지해야 할 가치가 있을 때까지 우리를 짓누른다. 이런 가운데 더 큰 문제가 터지게 된다. 이때 우리는 GOD원리를 적용해야 한다. 하나님은 전능하시고 어떤 경우라도 적절하게 해결해 주시므로 우리는 하나님을 믿고 신뢰해야 한다.

문제가 크고 나쁘게 보일지라도 하나님은 우리를 버리시지 않는다.

(5) MAP원리

MAP원리는 계획을 세우는 것(Mark A Plan)을 의미한다. 계획은 당신에게 방향을 제시하기 시작한다. 딜레마(궁지)로부터 빠져나오기 위하여 방향이 필요하다. 어떤 계획을 세우는 것이 계획이 없는 것보다는 좋다는 것을 기억하라. 당신이 기록한 것이 단지 가능한 계획이나 최선의 계획이 아닐지라도 최선의 계획으로 유도하기 때문에 기록해야 한다. 여기에서 성경은 매우 중요한 것이 된다. "집은 지혜로 말미암아 건축되고 명철로 말미암아 견고히 되며 또 방들은 지식으로 말미암아 각종 귀하고 아름다운 보배로 채우게 되느니라"(잠 24 : 3~4).

오늘날 많은 사람들은 계획이 없다. 사람들이 어려운 문제에 직면했을 때 계획이 없기 때문에 아무것도 할 수가 없다. 어떠한 계획도 세울 수 없는 것은 아무일도 할 수 없는 계획인 것이다. 한 장의 종이를 꺼내서 펜을 들고 가능성을 작성하기 시작해보라. 그러면 당신이 계획을 세울 수 있는 것에 놀랄 것이다.

(6) NAP원리

미안하지만 이것은 누워서 낮잠을 자라는 것이 아니다. NAP원리는 지금 계획을 적용하는 것(Now Apply the Plan)을 의

미한다. 지난 수년 동안 나는 일을 계획하고 계획대로 일하라고
가르쳤다. 이것은 당신이 위기에 처했을 때 원리와 책임을 증
명하기 위한 것이다. 행동에 옮기라. 행동에 옮길 때까지 아무도
당신을 지도할 수 없기 때문이다.

3

사업에 이 원리를 어떻게 적용할까?

43,000불의 손해를 본 나의 사업에 이 원리들을 어떻게 적용할까 시험해 본다. 사업적인 관점에서 실수를 했고, 43,000불을 지불함으로써 계약 의무를 면할 수 있음을 인정할 필요가 있다. 사실 나는 손에 충분한 돈이 없었다.

(1) YES원리

첫번째 나는 모든 것을 현명하게 포기해야 했다. 나는 내가 할 수 있는 것을 했다. 어떤 사람은 사업을 완료했고, 우리가 완료한 일부 일은 다음 사업을 세우는 데 사용할 수 있었다. 그 다음 팔 수 있는 장비가 있었으므로 그것을 팔았다. 나는 수중에 약간의 자금을 가졌고 그것을 남은 사람에게 지불하는 데 사용할 수 있었다. 43,000불에서 19,000불로 감소시킬 수 있었으나 잔

여분을 어떻게 지불할지 나는 방법을 알 수 없었다. 그러나 사
람들은 그들의 투자금을 정확하게 원했다.

(2) PEN 원리

그래서 나는 PEN 원리로 전환했다.

나는 하나님께 지혜와 방향을 달라고 요구하며 진실하게 기
도하기 시작했다. 하나님이 수천의 가축을 소유하고 있는 것은
사실이다. 아직 하나님의 경매인을 만나지 못했다. 내가 말한 것은
내가 몇몇 조직에 19,000달러를 주지 못한 것이다. 예를 든다면
내가 우편함으로 가서 내가 결코 받지 못했거나 또는 전에도
이후에도 전혀 상면부지한 누군가로부터 19,000달러의 수표를
발견했다면 어떤 사람들은 그것이 하나님께서 인도하신 것이라고
말하겠지만 하나님은 나에게 그런 방법으로 늘 인도하지 않으
셨다.

(3) SEE 원리

나는 SEE 원리를 적용시켰다. 다시 말해 지난날의 모든 경험
들을 동원하였다. 이 일에 대하여 좋은 의견을 듣기 위해 고명한
상담자를 찾아가기도 했다. 나의 아내는 성실한 사람이다. 나는
아내의 의견을 존중한다. 그녀는 "나는 당신에게 그렇게 말했
었다"라고 말하지 않을 만큼 현명한 사람이다.

내가 전에 어디서 도움을 얻었나? 내가 은행에 간다면 담보

물건을 사용할 수 있는가? 그러나 나의 과거의 계획으로부터의 모든 경험은 이미 무산되었다.

(4) GOD원리

내가 낙심하게 되는 지점에서 GOD원칙을 생각해 보았다. "랜슨!" 나는 수없이 중얼거려야 했다. 이것은 하나님의 전능하신 섭리만이 할 수 있다고 생각했다. 하나님께서 전에도 나를 도와 주셨기 때문에 이번에도 나를 절대로 떠나지 않을 것을 생각하고 믿었다.

그러나 나의 일을 돌봐주는 상담자는 나에게 "자신이 어떻게 느끼는지에 관하여 언제 말했느냐?"고 질문을 던진다. 나는 상담자에게 왜 나에게 반대 질문을 하느냐고 반문했다. 그는 말하기를 "우울증에 빠진 사람들에게 그렇게 질문한다."고 했다. 그가 말하기를 몇몇은 자살을 생각하기도 하는 정신과 감정에 이상 증세를 보일 수 있다는 것이다.

그렇지만 우리가 알 것은 사람보다 하나님을 의지하라는 것이다. 그분은 어제나 오늘이나 동일하시다. 시간이 지남에 따라 힘이 약해지시는 분이 아니라는 것을 알라.

(5) MAP 원리

이젠 MAP 원리로 계획을 수립할 시간이다.
모든 것이 발생했을 때 19,000달러는 어떤 은행에서나 나에게 실용적이지 않았다. 그래서 나는 포기했고 그 대신 가족과 친구들중에서 안면이 있고 나에게 돈을 빌려 줄 수 있다고 느끼는 사람들의 명단을 작성했다. 만약에 내가 19,000달러를 나에게 빌려줄 사람을 얻을 수 없다면 나는 19사람에게 각각 1,000달러씩 얻을 수 있거나, 5,000달러씩 3사람에게 그리고 1,000달러씩 4사람에게 얻을 수도 있다. 이 계획은 아무리 없다고 해도 19,000달러를 얻을 수 있다.

(6) NAP 원리

NAP 원리를 계획하고 실천하기 힘든 부분은 내 자신과 아내, 그리고 여기에 별도 개입하기를 생각지 않는 다른 사람들을 인정해야 한다.

일단 자신의 자존심을 꺾고 사람들과 말하기 시작하는 것이고, 확실한 서류에 표시해 주는 것이며, 그 사람들에게 유익되도록 열심히 일해서 물질을 버는 것이다. 이러한 방법은 매력적인 사업과 인생과 어려운 상황에서, 생활에서 체득한 것이다. 당신의 인생에 무엇을 하든지 하나님은 당신에게 더러운 속임수를 실행하지 않는다는 것을 기억하라. 하나님은 당신을 세우시고 성숙하게 하시는 과정에서 연단하신다.

(7) 참고할 성구와 명언들

•"지식을 불러 구하며 명철을 얻으려고 소리를 높이며 은을

구하는 것같이 그것을 구하며 감추인 보배를 찾는 것같이 그
것을 찾으면 여호와 경외하기를 깨달으며 하나님을 알게 되
리니"(잠 2 : 3~5).

- "너는 범사에 그를 인정하라. 그리하면 네 길을 지도하시리라"
(잠 3 : 6).

- "의논이 없으면 경영이 파하고 모사가 많으면 경영이 성립하
느니라"(잠 15 : 22).

- "네가 자기 사업에 근실한 사람을 보았느냐. 이러한 사람은
왕앞에 설 것이요 천한 자 앞에 서지 아니하리라"(잠 22 : 29).

- 당신이 틀린 결정을 했다고 해서 해고되지는 않을 것이다.
그러나 당신이 결정하지 않으면 해고됐을 것이라고 사장이 그
동료에게 말했다.

- 당신은 당면한 문제와 씨름하는 문제의 크기에 의해 지도자를
판단할 것이다. 그 이유는 사람들은 거의가 자신의 크기에 맞는
문제를 골라 잡고 좀 더 크거나 좀 더 작은 것을 그들에게서
제외시키거나 묵살하기 때문이다.   ─ 안토니 자이

- 사람이 더욱더 적게 하려고 할수록 그것을 하는 데에 시간이
더욱더 모자랄 것이다.   ─ 로드 체스터휠드

- 비평하는 것은 쉽지만 진정한 시험은 건설적인 두 가지 중에서
하나를 선택할 수 있는 여지가 다가오는 것이다.   ─ 미상

- 지도력은 행동이지 태도가 아니다.   ─ 맥가난

- 나는 무언가를 해야 한다는 것을 무언가가 되어야 한다는 문
제보다 더욱 잘할 수 있다.

- 사업할 수 있는 기회가 최근에 주어졌을 때, 사실을 암기하는

것이 아니고 그 문제를 풀 수 있는 누군가가 내 주위에 있기를
원하는 것이다.

제5장
당신도 성공할 수 있다

1

투자에 의해 얻는 것이 아니다

　나는 가끔 성공의 주제가 잘못 이해될 때 놀란다. 3년 이상 나는 "계획된 삶"이란 세미나를 해왔다. 세미나의 주제는 5개인데 그중 하나가 예산이다. 80%는 투자에 관해서 세미나를 했지만 나는 어디에 돈을 투자해서 어떻게 돈을 버는지 말하지 않는다. 계획된 삶에 관한 세미나나 이 책은 '성공은 돈보다 더 큰 것이다' 라는 사실을 사람들에게 깨우쳐 준다. 질서 정연함으로 오는 부유함 및 선인의 삶은 시편 1편에 명확하게 기록되어 있다. 넓은 의미에서 성공은 자신의 행동에 대하여 책임을 질 수 있는 사람들에게 온다.

　만약 당신이 충만하고 더욱 의미 있는 삶을 원한다면 이책은 그것을 성취하는 데 도움을 주는 것이 될 것이다. 자신에 관한 문제로 고심하고 남을 인정하지 않으며 자신을 미워하는 사람이 있다면 이책은 그에게도 필요하다. 우리 인생은 변할 수 있다.

하나님의 자녀는 용서되어지고 아직 변할 우리 인생에서 기본적인
일들을 필요로 하게 된다.

(1) 모든 성공의 기준

한 사람이 다이아몬드를 시험하는 것과 같이 모든 방향으로
시험하는 사람과 그의 마음을 이끄는 사람을 좋아하는 한 가지
개념이 있다. 이 한 개의 뛰어난 진실은 "모든 성공의 기본은
주는 것이다"라는 것이다. 만약 당신이 정신적으로 성공하고
싶으면 단지 배우지 말고 가르치기를 결정하라. 주제를 가르치는
것은 진실로 그것을 배우는 것이다. 가르치는 것은 나 자신과
주제를 발표하는 것이다. 배우는 것보다 가르치는 것이 더 복이
넘친다.

감정적으로 성공하기를 원하는가? 어려움에 처한 사람을 찾
아서 그를 도와주라. 바울은 "범사에 너희에게 모본을 보였노니
곧 이같이 수고하여 약한 사람들을 돕고 또 주 예수의 친히 말
씀하신 바 주는 것이 받는 것보다 복이 있다 하심을 기억하여야
할지니라"(행 20 : 35)라고 말하고 있다.

받는 자보다 주는 자가 더 복이 넘친다. 우리가 우리 자신을
주었을 때 확실한 감정과 느낌을 우리 내부에서 잃게 된다. 주는
것은 우리에게 취약하게 한다. 우리가 주려고 할 때 우리를 돌
아서게 하곤 한다. 우리는 상처받을 수 있으나 취약점이 필히
나쁜 일은 아니다. 완전한 사랑은 불가능하다. 사해에 관해 이
야기할 때 사해는 항상 받기만 하지 결코 배출하지 않기 때문에

죽었다고 한다. 당신이 영적으로 살기를 원한다면 당신은 다른 사람에게 영적으로 줄 수 있는 어떤 방법을 가져야 한다. 하나님은 남을 돕기 위하여 물질적으로 주는 자는 복되고 행복하다고 명확히 하였다.

바울은 연보에 대하여 다음과 같이 말했다. "너희가 모든 일에 부요하여 너그럽게 연보를 함은 저희로 우리로 말미암아 하나님께 감사하게 하는 것이라. 이 봉사의 직무가 성도들의 부족한 것만 보충할 뿐 아니라 사람들의 하나님께 드리는 많은 감사를 인하여 넘쳤느니라. 이 직무로 증거를 삼아 너희의 그리스도의 복음을 진실히 믿고 복종하는 것과 저희와 모든 사람을 섬기는 너희의 후한 연보를 인하여 하나님께 영광을 돌리고 또 저희가 너희를 위하여 간구하며 하나님의 너희에게 주신 지극한 은혜를 인하여 너희를 사모하느니라"(고후 9 : 11～14).

나는 돈은 많이 모았으나 아직 실질적인 성공이 무엇인지 잘 이해하지 못하는 사람들을 안다.

(2) 재정이야기

사람들은 재정적으로 처음 만드는 것으로 집을 살 때, 재정적으로 가족을 위하여 어떻게 더 잘할 수 있을까 반문하는 것이 사실이다. 나는 나에게 있어서 진실이었음을 인식한다. 어느날 목사직을 사임한 후 나는 서류철들을 깨끗하게 정리하였다. 나의 서류함에 아이들의 어릴 적 사진들이 있었다. 나의 자녀들이 너무 초라한 옷을 입고 있어서 나는 부끄러웠다. 내가 나 자신에 대하여 알고 있는 것보다 내가 이해하고 있었던 방법들이 불필요함을 알았다.

당신이 가용할 예산을 가지고 있을 때 재정적으로 회복할 수 있는 일을 알 수 있다. 당신이 유동자산에서 3~6개월 간 현금이 가용함을 알 때, 투자를 생각할 수 있다. 나는 당신에게 어디에 투자해야 할 것인지 말할 수 없고 내가 했던 것을 하라고 말할 수 없다. 하여튼 당신이 시작하기 전에 인식해야 할 일들이 있다.

(3) 두 가지 양립되는 일을 경계하라.

어떤 사람이 다른 사람보다 돈을 많이 모으는 이유가 있다. 부부중 한 명이 돈을 엄청나게 많이 모았을 때 다투거나 이혼을 하는 이유가 있다. 다음과 같이 설명할 수 있다.

A씨와 B씨는 각각 10,000불씩 현금을 가지고 있다(S. B.：자본금). 두 사람 모두에게 투자 기회(I.O.)는 가용하다. 1,000불 단위로 투자가 가능하다.

A씨 — 8,000불(S.B.). 2,000불(I.O.)

B씨 — 2,000불(S.B.). 8,000불(I.O.)

A씨는 2개 증권을 사서 2,000불을 투자함으로써 8,000불의 자본금이 남았다. B씨는 8,000불을 투자함으로써 2,000불이 남았다. 투자는 년간 1불에 1불씩 주어진다면 결과는

A씨 — 12,000불(S.B.)

B씨 — 18,000불(S.B.)

그들은 다시 같은 방법으로 투자기회를 가졌다.

A씨는 만족해 하며 2개 증권을 사서 2,000불을 투자했다.

"만약 내가 투자한 2,000불을 잃는다면 아직 나는 기본 자본금인 1,000불이 남아 있다." B씨는 놀랍게도 18개의 증권인 18,000불 모두를 투자했다. 결과는

A씨 – 10,000불(S.B.) 2,000불(I.O.)

B씨 – 0불(S.B.) 18,000불(I.O.)

1년후 투자액은 1불당 1불씩 받게되어 결과는

A씨 – 14,000불(S.B.)

B씨 – 36,000불(S.B.)

A씨는 14,000불이나 B씨는 2배가 넘는 36,000불이 되었다. 그러나 만약 투자가 잘되지 않았다면 B씨는 모두 잃었을 것이다. 맞다. 투자와 자본금은 공존할 수 없기 때문이다. 당신이 투자에 마음을 두면 자본금을 포기하게 된다. 당신이 투자하는 것만큼 당신은 자본금을 포기하게 되는 것이다.

이것은 당신이 투자하려 할 때 당신의 아내와 심사 숙고한 대화를 해야 하는 이유를 설명하는 것이다. 결혼생활에 있어서 큰 싸움중의 어떤 것은 우리들 중의 한 사람이 투자 성향이 있고 다른 한 사람이 자본금 성향이 있을 때마다 일어난다. 만약 당신들이 당신의 투자 성향을 일치시킨다면, 골치 아픈 일, 긴장된 일을 없애고 당신의 결혼 생활을 구할 것이다.

당신은 자본금중 얼마를 투자할 것인가 정해야 한다. 그리고 당신이 시작하기 전에 의논하라. 당신이 인식할 필요가 있는 첫번째 일은 당신에게 돈을 빌려줄 은행원을 두려워하지 않는 것이다. 맞다. 은행원은 어떤 사람에게든지 돈을 빌려주어야 하

므로 당신에게도 마찬가지다. 돈은 그들이 가지고 있는 전부다. 그들은 돈을 빌려주지 않으면 돈을 받을 수 없다. 그대신 당신은 빌려온 돈에 이자를 지불해야 한다. 그들이 가지고 있는 것은 돈 뿐이므로 돈을 빌려줄 것으로 믿어라.

다음으로 당신이 은행원을 만나러가면 대화를 필요로 할 것이다. 가능하다면 당신의 조정 안에 있도록 선택하라. 은행원도 인간이라는 것을 기억하라. 그들은 감정이 있고 영향을 받으므로 바르게 시작하라. 당신 자신을 깨끗게 하라. 당신의 자동차도 역시 깨끗하게 하라. 당신이 은행원을 만나러 갈 때 목욕하고, 머리 감고, 구두 닦고 가장 좋은 옷을 입도록 하라. 당신이 은행원 앞으로 걸어갈 때, 그가 당신에 대하여 아는 모든 것은 당신의 좋은 첫인상이다. 은행원 앞에 절대 앉지 말고 그가 주는 양식을 채워라. 몇장의 복사된 양식을 얻어서 집으로 가져가서 1장은 연습용으로 사용하고 타자를 조심스럽게 쳐서 은행원에게 가져다가 제출하라.

당신이 은행원을 만나러 갈 때 계획을 가져가라. 당신은 돈이 필요하다고만 이야기하지 마라. 종이를 펴놓고 당신이 해야할 일에 대한 객관적인 시행을 적으라. 당신이 필요한 금액을 설명하라(자본금). 대부금이 사용될 목적을 기록하라. 마지막으로 모든 일이 실패했을 때 대부금을 갚을 수 있도록 당신이 할 수 있는 계획이 무엇인지 기록해야 한다. 은행원의 마음은 '이 사람이 대부금을 갚을 수 있을까?' 하는 것이다. 그것은 은행원의 일이므로 요청하는 데 두려워하지 마라.

(4) 당신은 결정하라

사업을 시작하거나 투자하기 전에 당신 자신에게 질문해 보라. 나는 어려운 결정을 하려고 하는가? 사람들이 결정할 때 여러 가지 이유들이 있으나 가장 중요한 4가지만 서술하고자 한다.

① 자의식

몇몇 사람들은 거의 모든 것을 자아(ego)에 기초를 두고 결정하는 것 같다. 이것은 내가 몇 년 동안 해왔던 방법이다. 나는 계속해서 나 자신과 다른 사람들을 말해왔다. 그러나 내가 되돌아보았을 때, 매우 종종 내가 자신을 위하고 있었다는 것을 본다. 예를 들어 나는 문제를 가진 사람을 발견하고서 많은 시간을 허비했다. 그들에게 돈을 주고, 그들을 주기 위해 돈을 빌리고 심지어 그들에게 나의 집을 저당잡히는 등 이런 일을 반복했으며 하나님 앞에 맹세하기도 하였다.

이제 나는 진실을 말할 수 있다. 나 자신의 이미지는 너무 약해서 나는 어떤 누구도 나를 좋아하게 되리라고 믿지 못했다. 나의 아내조차도 아니라고 그래서 나는 누군가를 돕기 위해 노력했다. 누군가가 나를 좋아해줄 거라고 기대하면서, 만약 내가 계속해서 그를 돕는다면 내가 아마도 그는 나를 사랑할 것이라고 생각했다. 그리고 나는 나를 사랑하는 많은 사람들을 얻을 수 있다면 내 자신을 사랑할 수 있을 것이다. 예수님은 당신이 자신을 사랑하는 것처럼 당신의 이웃을 사랑하라는 것에 관하여 강한 어조로 말씀하셨다. 그는 우리가 사랑하기를 원하고 우리 자신을 받아들이기를 원한다.

② 믿음

신념은 사람들에 대하여 강한 요소이다. 그들의 신념에 대하여 그들의 삶을 주는 사람들이 있다. 이것은 아름답다. 그리고 가볍게 주어지는 것이 아니다. 그러나 나는 종종 믿음의 범위에서 행동하려고 결정하는 사람들에게 대하여 싫증이 느껴진다. 그들이 자아 밖에서 행동하려고 하는데 나도 그렇게 수년 동안 행동했기 때문이다.

③ 좋은 느낌

어느 것에 대하여 지나치게 민감해야 할 이유를 설명할 수 있는 그것을 몇몇 사람들은 좋은 기분에 대하여 최상의 동기가 된다. 나는 그들을 설명하는 다른 방법을 모른다. 많은 시간이 식사하는 데와 운동하는 데에 그리고 기다리고 씻는 시간에 사용되고 그들이 기분이 좋게 느끼는 데 사용된다. 그들은 보다 더 좋은 감정의 추구에 그들의 돈을 지불할 것이다. 당신은 내가 과장하고 있다고 생각될 것이다. 그렇다면 큰 도시에 가서 얼마나 많은 건강 증진을 위한 클럽들이 여기저기 난립되어 있는지를 보라.

④ 자금

돈은 많은 사람들에게 매력적인 요소이다. 돈 그 자체가 악은 아니고 그것에 대한 사랑이 악한 것이다. 이것에 대해 민감하지 않은 사람은 매우 빨리 그의 가치를 일그러지게 할 것이다. 당신

자신에게 다음의 질문을 해보라. 당신이 어떻게 결정을 해야할지에 대한 가장 좋은 방법들이다. 당신이 사업을 하고 있고 당신 아내의 가장 좋은 여자 친구를 고용했다고 상상해라. 그녀는 당신 교회의 일원이고 그녀의 남편은 교회의 장로이다. 만약 그 여자가 일을 수행하지 못한다면 당신은 돈을 지불할 것인가? 당신의 자아는 그녀에게 할 수 있는 가장 좋은 것을 하라고 말한다. 왜냐면 당신은 당신의 아내를 화나게 하고 싶지 않기 때문이다. 그리고 당신의 소위 믿음이라는 것은 당신이 그녀를 달라붙도록 허락할 것이다. 결국 당신은 교회에서 공연한 소란을 만들고 싶지 않기 때문이다.

당신을 기분좋게 만들 어떠한 방법이 없다. 당신은 당신의 결정을 어디에 두겠는가? 당신은 그녀가 돈을 손실하도록 한다는 사실에 기초를 두어야 한다. 그리고 만약 당신이 돈을 계속해서 손해본다면 당신은 머지 않아서 사업이 망할 것이다. 만약 당신이 돈을 벌기 위해 사업하고 있으면 당신은 곧 망할 것이다. 그래서 이 대답은 "당신이 그녀를 해고 할 수밖에 없다."이다. 이 전체 이야기의 초점은 간단하다. 투자는 위험을 포함한다. 그리고 때로 그것은 재정적 위험 이상이다. 당신은 기꺼이 힘든 결정을 하겠는가?

2

위로 이동하라

나는 오백 개의 성공한 회사에서 단체장이 될 운명은 아니지만 어떻게 경영을 해야 하는가와 어떻게 신분을 이동시킬까에 대한 몇 가지의 심오한 교훈을 배운다.

(1) 당신이 지도할 수 있기 위해서 먼저 남을 따르라.

당신은 사람들을 지도하기 전에 남을 따르는 것을 먼저 배워야 한다. 당신은 한때 침묵을 지켜야 하고 또 지도자의 명령에 의한 것들을 해야 할 때가 있다. 당신은 아마 영리한 사람들에게는 그들의 사업 또는 직업이 주어진다고 생각할지 모르나 실제로는 결코 승진이 되지 않는 사람이 있다. 어떤 사람들은 머리가 아주 좋은데도 불구하고 회사의 낮은 계급에서 20~30년간 머무르기도 한다.

왜 몇몇의 사람들이 결코 승진하지 못하는가에 대한 이유를 제시해 보겠다. 만일 어떤 사람이 훌륭한 엔지니어이지만 자신 스스로의 감정을 제어할 수 없다고 가정해 보자. 어떤 계획이 그의 작업 현장에 배부되고 그 사람은 그것을 연구한다. 그리고 "이 계획대로 작동하지 않을거야. 만일 본사에 있는 대학 나온 녀석들이 이곳에 내려와 일하는 노동자에게 어떤 것을 이렇게 하라고 요구한다거나 하면 지금보다 낫겠지만 우리를 이곳에서 뛰게 한다면 일이 잘될텐데"라고 말하는 소리를 들을 것이다. 만일 당신이 권력자라면 이 사람을 승진시킬 수 있겠는가? 결코 그렇게 하지 않을 것이다. 그는 당신에게 문제만 일으킬 것이다. 그래서 똑똑한 사람은 무시된다. 지도하기 위해서 남을 따르는 법을 배워야 한다.

(2) 성공한 사람들의 수준에 도달하려면

나는 미국의 정치, 경제 체제 아래에서 할일을 선택하는 사람들이 그들의 삶에 있어서 그들의 운명이 더 잘될 것이라고 생각하는 것을 충분히 믿는다. 그러나 모든 사람이 그렇게 하지는 않는다. 왜냐하면 모든 사람이 이런 선택을 하지 않기 때문이다. 영적, 정신적, 육체적, 사회적 그리고 다른 면에서나 더 나은 삶을 위해 값을 지불하기를 원하지 않는 사람들은 결코 당신을 도와 주지 않을 것이다.

사람들이 그들의 최고 행복의 단계에 올라가는 것을 기꺼이 허락하라. 이 원칙은 나에게 가장 수용하기 어려운 원칙이다. 나는 끊임없이 사람들이 하고 싶어하는 것처럼 보이는 것보다 그들 스스로를 위해서 더 잘하기를 원한다. 부모로서 우리의 가장 강력한 지시는 우리 아이들이 그들 스스로의 최고 행복의 단계에 올라가도록 허락할 것이다. 그것은 아마도 우리가 원하는 것이 아닐지 모르나 그들이 가고 싶어하지 않는 곳으로 끌고 갈 수는 없다.

하나님에게 영원한 삶을 달라고 요구했던 부유한 청년의 이야기를 상기해 보라. 예수님이 그에게 말했고 그는 행동으로 대답했다. "그 사람은 재물이 많은 고로 이 말씀을 인하여 슬픈 기색을 띠고 근심하며 가니라"(막 10:22). 그때 그 사람의 얼굴은 숙여졌고 슬프게 변하였다. 왜냐하면 그는 아주 부자였기 때문이다. 그때 예수께서 그에게 행하신 일이 기억되는가? 예수님은 아무것도 하지 않으셨다. 예수님은 사라져가는 그의 존재를 바라만 보셨고 그를 부르시지 않으셨다. 왜일까? 왜냐하면 복음은 우리를 좀더 책임감있게 만들기 때문이다. 복음은 말씀을 듣고 행하는 데 있다는 교훈을 잘 배우라.

당신은 그들이 가고 싶어하지 않는 곳을 데리고 갈 수 없다. 그러므로 그들의 최고 행복의 단계에 이르려 하는 것을 허락하라. 그들에게 도전해 보라. 그리고 그들을 인도하라. 그러나 그들은 그 길로 걸어야 한다. 당신은 그들을 억지로 끌고갈 수 없다. 삶을 통해 당신은 그들의 삶을 명령대로 사는 몇몇 사람들을 볼 수 있을 것이다. 그리고 좋은 일들이 그들에게 그들 주위에서 일어날 것이다. 이런 사람들과 시간을 보내라.

목사로서 가장 후회되는 것중에 하나는 가장 친한 사람들이 가진 문제들이 너무 많은 시간이 걸린다는 이유로 그들에게 아주 작은 시간을 투자한 것이다. 내가 깨달은 것은 문제를 가진 사람들은 대답을 원하지 않는다는 것이다. 당신에게는 단지 많은 시간이 있고 당신의 일생에 친구로 많은 사람을 사귈 수 있다. 그러므로 그들의 삶에 무엇인가 의미 있는 것을 하려는 사람들을 선택하고 그들과 함께 당신의 우정을 위한 시간을 보내라. 그러나 당신 또한 가치있는 것을 하고 있다고 확신해야 한다. 그들이 당신과 시간을 보내고 싶어하지 않을지도 모른다는 것을 간과해서는 안된다.

(3) 바르게 보라.

나는 종종 세미나에서 나를 보려고 모이는 이들에게 묻는다. "내가 보이는 사람은 손을 들어주세오." 물론 그들 모두가 손을 든다. 그들중의 반은 속임이 있는 질문이라고 의심하는 것처럼 보인다. 그들은 그 속임수를 해결하지 못한다. 그때 나는 말한다. "아니오. 나를 보지 않았습니다. 여러분이 본 나의 부분은 얼굴과 손뿐입니다. 나머지는 모두 포장입니다."

당신이 스스로를 포장하는 방식은 다른 사람들이 당신을 어떻게 인지하는가에 의해 큰 차이가 있다. 수년간 나는 청바지를 입든 양복을 입든 똑같은 사람이다. 나는 내가 입고 싶어하는 방식대로 입을 것이다. 만일 그들이 훌륭하다면 나의 방식을 좋아하지 않을 것이다. 나는 그들이 전혀 나를 좋아할 필요가 없다고 말하는 사람들중의 일부였다.

얼마나 미련했던가! 나에게 가장 훌륭했던 날은 존 마일리의
「성공을 위한 옷」이라는 책을 샀던 날이다. 내가 믿건대 나는
그책을 샀던 그날이 그 책을 읽었을 때보다 더 훌륭했다. 그리고
나는 내 자신을 다시 포장해야 할 때가 왔다고 결심하고 행동에
옮겼다. 그후에 다른 사람들이 나를 좀더 호의적으로 바라보기
시작했을 뿐아니라 나 스스로도 나 자신을 좀더 바람직스럽게
보게 되었다. 그것은 또 다른 자아상에 관한 질문이다.

그 책에 녹색옷에 행해진 시험에 관한 이야기가 나온다. 한
사람이 녹색옷을 입고 돈을 얻기 위해 보내졌다. 그는 녹색옷을
입고 어느 곳도 갈 수 없었다. 그래서 그는 옷을 갈아 입었고
그후에야 돈을 대부해 주는 업자들이 즉시 행동을 바꾸어 그에게
돈을 빌려 주었다. 지금 만일 내가 몇년전에 그 이야기를 읽었
더라면 나는 녹색옷을 찾아내기 위해 모든 도시를 찾았을 것이다.
그리고 그 옷을 입고 돈을 빌리려고 시도했을 것이다. 단지 마
일리가 틀렸다는 것을 증명하기 위해서 전력투구했을 것이다.
나는 이제 배워서 깨닫게 되었다. 하나님께 감사한다. 내가 평
신도가 되는 것은 늦지 않았고 동시에 지도자가 될 수 있는 특권도
얻을 수 있다.

(4) 차용금의 원리

만약 당신이 투자에 관한 어떠한 것을 읽었다면 당신은 O.P.M의
원칙을 가로질러 왔을 것이다. 이 법칙은 사람들이 자신들을
위하여 재정적 미래를 설계하기 위하여 차입 자본의 원칙을 사

용하도록 이야기할 때 의논된다.

몇 년 동안 나는 기채하여 건물을 짓는 회사에서 일했다. 만약 당신이 이 종류의 관계를 시작하고 싶다고 느낀다면 그때 당신은 생계비용을 위하여 다른 사람들의 돈을 사용할 수 없다는 것을 이해해야 한다. 당신은 다른 사람의 돈을 사용할 수 없고 그때 빌린 돈으로 벌 수 있지만 적당한 이자를 지불하고 그 빌린 원금을 청산함으로 해서 돈을 벌게 될 것이다. 남의 돈을 빌릴 때에 당신은 당신과 빌려준 사람을 위하여 열심히 사업을 확장하고 이윤을 남겨야 한다. 만약 당신이 O.P.M 사용법칙을 따른다면 그때 당신은 돈을 되갚기 위하여 청산할 수 있는 재산을 항상 가져야 한다. 나의 경험에서 다른 사람의 돈은 사업 협정 이상이다. 매번 그것에 대한 기초는 오랫동안의 관계가 너무 신성해서 부주의의 위험으로 파괴될 수 없다.

(5) 그리스도인의 성공

마태는 예수님이 하늘에 계신 아버지의 참아들로서 행동했다고 복음서에 기록했다. "악한 사람에게나 선한 사람에게나 햇빛을 주시고 의로운 자나 불의한 자에게 공평하게 비를 내려주신다"는 내용에 대하여 나는 항상 당혹할 수밖에 없다. 그것은 하나님이 선과 악에 대하여 항상 일할 원칙을 정해 좋은 것이라고 말하는 것 같다.

우리는 때때로 세속의 사랑이 몇몇 성경의 원칙을 가진다는 것을 인식하는 데 실패한다. 그리고 우리가 그들을 우리 자신에게 하늘 나라에 적용시키는 것보다 그들을 그 자신의 이해관계에 적용을 훨씬 잘 시킨다는 것을 잘 인식하지 못한다. 당신을 이끄는 것을 따라야 한다는 것은 사실이다. 제자들의 발을 씻는 데에 예수님은 온전히 따르는 자들로서의 순종적인 정신을 나타냈다. 예수님을 부르는 각각의 제자들은 예수님이 그를 부르기 전에 그 자신의 사업에 분명하게 성공적이었다. 예수님은 좋은 사람을 데려다가 그들을 더욱 좋게 만들었다. 예수님은 우리가 실패자라고 부르는 것에 그 자신을 복종하지 않았다. 심지어 유다는 보물로 예수님을 바꿀 가능성이 있었다. 그는 예수님에 관하여 나쁜 선택을 했다. 위로 이동하라는 이 장의 어떠한 것도 하나님의 말에 반대되지 않는다. 그러나 이 장은 죄많은 세상에 세속화 되어지고 그 자신은 끝에 사용한 성경 개념의 설명이다. 이점에서 예수님은 정확하게 말씀하셨다. 하나님 공경하는 사람들보다 훨씬 더 이 세상 사람들이 영리하다는 것은 사실이다. "주인이 옳지 않은 청지기가 일을 지혜있게 하였으므로 칭찬하였으니 이 세대의 아들들이 자기 시대에 있어서는 빛의 아들들보다 더 지혜로움 이니라"(눅 16 : 8).

3

뒤돌아 보지 말고 앞을 보고 전진하라

나의 아버지와 어머니는 사이좋게 지내본 적이 없다. 나는 어머니가 얼마나 일찍 결혼했는지 그리고 그 후에 바로 임신했다는 것을 어머니로부터 들었다. 그러나 나는 부모님의 관계속에서 행복을 발견해 본 적이 없었다. 왜냐하면 나의 부모님은 함께 지내지 않았고, 그들은 서로가 말하기를 첫번째 아들인 존이 고등학교에 입학하자 마자 이혼하기로 동의했다는 것이다. 그러나 다른 형제들은 10살이 되었을 때까지 함께 지냈다. 출생한 자녀들중에 두 명은 유년기때에 죽었고 또 몇 명의 유산이 있었다. 그후 부모님은 존이 고등학교를 졸업하자마자 이혼했다. 그때 나의 나이는 10살이었다.

42년 동안 결혼생활을 했으면서 이혼을 하다니. 이 슬픈 부부는 그들이 너무 늙은 나이에 헤어졌다. 그러나 나는 그들이 살아온 세월 속에는 약간의 서로 좋은 시간을 가졌으리라고 확신한다.

만약 그들이 과거의 일로 말미암아 문을 닫고 떠났다면 말이다. 내가 이것을 쓸 때 나의 나이는 46세에 가까워지고 있다. 현실의 나이로는 결코 늙지 않은 나이다. 그러나 나는 삶의 방법은 앞을 보는 것이고 결코 뒤를 보는 것이 아니라는 것을 확실하게 알고 있다. 나는 "주여 내 나이가 많을지라도 나에게 앞을 보도록 도와주시옵소서."라고 기도한다.

나는 전에 인터뷰했던 한 여인을 기억한다. 킹스가든이라고 부르는 크리스타 퇴임식장에서 그녀의 주거 상황에 대하여 내가 물어 보았을 때 그녀는 대답하기를 "훌륭하고 좋은 집은 아니지만 나의 집은 매우 좋은 곳"이라고 말하며, 킹스가든에 있는 자기의 집으로 가겠다고 하였다. 그 다음에 그는 킹스가든으로 출발하면서 아쉬워하지 않고 뒤를 돌아보지도 않았다. 소망을 가지고 붙잡으라. 당신은 오랜 계획들의 목표들을 가질 수 있게 될 것이다.

(1) 당신의 나머지 삶을 당신의 최고의 삶으로 만들어라.

퇴직은 만약 당신이 그것을 준비한다면 당신 인생중에 최고의 시간이 될 수 있다. 당신이 퇴직을 당했을 때 무언가 가치있는 일을 하기를 원한다면 일찍부터 결심하라.

내가 선교단체의 느슨한 목적을 잡아당기는 것을 돕는 동안 한 남자가 나의 사무실 안으로 왔다. 그는 작은 지팡이를 만드는 커다란 회사의 근로자로 있었다. 그의 소망은 퇴직을 하고 순수한 봉급에 주님을 위해 봉사하는 것이었다.

기독교 복지에 그의 삶의 일부로 맡길 그때에 그 선교단체는 그들의 첫번째 활동인 의학센터를 계획하고 있었다. 나는 그때에 오후 라디오쇼를 맡고 있었고 그 쇼는 기본적으로 기동성 있는 의료센터의 소비와 교육에 대한 돈을 만족시키기 위해 사용되어졌다.

이 새롭게 퇴직한 경영진은 의료계획의 모든 종류의 일을 함께 이끌었고 자세한 일들에 대하여 완벽한 것 같았다. 나는 그들에게 어떤 것을 할 수 있는 사람들중에 내가 아는 가장 유능한 사람이라고 부르도록 요청했다. 그는 또한 퇴직자였다. 짧게 요약하자면 이 두 퇴직한 사람은 함께 의료센터에 참석해서 그후에 서로 다른 곳에 종사하게 되었다.

그들은 기동성 있는 의료를 운반하면서 세상에 있는 이국적 장소에 갔다 왔다. 다른 사람이 단지 생각하고 있었던 그 장소에 그들은 그들의 삶을 봉사하기 위해 계속되었기 때문에 거기에 갔다 왔다.

기독교 학교를 운영하는 교회의 목사로서 나는 퇴직한 사람에 대하여 충분히 말할 수 있다.

"빌, 몇몇 아이들이 칠판을 벽에서 떼어냈어"

"걱정마세요. 목사님 내가 내려가서 고칠께요."

"델리, 또 창문 2개가 깨졌어요."

"괜찮아요. 그것을 다시 끼우면 돼요."

나는 종종 노아를 생각한다. 하나님은 그에게 방주를 지으라고 지시하셨다. 노아는 나가서 지었고 120년 동안을 하나님께 봉사했다. 성경은 하나님이 120년 동안 어떤 것을 말했는지 안했는지 말하지 않는다. 그러나 노아는 단지 그것을 했다. 왜냐면 그는 순종의 사람이었기 때문이다. 우리가 어떤 직장으로부터 퇴직했을 때에라도 우리는 하나님으로부터의 퇴직이 아니다. 하나님은 우리가 세상 떠날 때까지 계속해서 순종하기를 원하신다.

(2) 퇴직—자유시간

나는 퇴직을 일로부터의 자유로 보는 매우 많은 사람들을 만났다. 퇴직을 배우는 데에 자유, 그리고 사는 데로부터의 자유, 봉사로부터의 자유로 간주하는 당신의 생각에 나는 도전적이다. 퇴직은 우리에게 새로운 중요한 일을 하도록 허락한다. 몇몇 전도자들은 퇴직자들에게 와서 실용적인 일들로 돕도록 시키고 싶어한다. 그래서 그들이 정신적 봉사를 얻을 수 있다. 많은 수가 그들의 나이 먹은 전도자들의 분야에 머무는 것을 허락하지 않는 것은 사실이다. 돕는 것보다 다소 일할 책임감이 있는 육체적 장소가 있을 때 이런 많은 퇴직자들은 계속해서 좋은 건강, 마음, 정신을 가질 수 있다.

전도단은 설교할 책임감이 있다고 하지만 우리가 듣게 되어진 권리를 받아야 한다고 배우지 않는다. 말할 권리를 얻은 몇몇 사람들은 퇴직한 사람들에 의하여 행하여 질 수 있는 짓기, 움직이기, 고치기 같은 매우 실용적인 방법으로 행하고 있다.

당신은 당신의 모든 삶을 선교를 위하여 기도하고 선교를 위해 주었다. 막 퇴직한 당신이 당신의 위대한 기간을 선교에 헌신

하면서 보람되게 생활하는 게 어떠한가? 사실 당신은 바다를
가로질러 갈 필요조차 없다. 당신의 목사와 지역교회는 가치있는
봉사에 그들이 투자할 수 있는 시간을 저장한다면 그리고 기꺼이
당신이 능력있고 제일선에 머문다면 행복할 것이다.

나는 좋은 대학교수인 한 선교사를 안다. 그가 퇴직했을 때
그는 하루에 몇몇 시간을 크리스천의 일꾼으로 고용되었다. 퇴
직은 어떤 것도 하지 않는 것이라는 생각을 위에다가 두어라.
당신의 최고의 시간인 것에 대하여 계획을 세워라. 나는 오하
이오에 사는 96살된 할머니를 좋아한다. 왜냐면 그녀는 약속에
늦지 않기를 원하기 때문에 항상 거리를 바쁘게 지나간다. "할
머니, 어디로 가십니까?" 하고 물으면 그녀는 "나는 몇몇 늙은
사람에게 책을 읽어주기 위해 간호원의 집에 갈 예정이다."라고
대답한다.

(3) 당신은 그것을 할 수 있다.

이 책에는 당신이 할 수 없는 어떠한 것도 없다. 당신은 당신의
이미지를 스스로 바꿀 수 있다. 당신은 목표를 달성할 수 있다.
당신은 힘든 결정을 할 수 있다. 당신은 인생에서 폭넓고 번창하게
살 수 있다. 한 가지가 당신이 그것을 하는 것을 방해하고 있다.
그것은 내가 "창조적인 도피"라고 부르는 원칙이다.

당신은 당신이 해야한다고 아는 것을 하고 회피할 것들을 창
조할 수 있다. 당신은 매일 당신이 이처럼 책에 중대한 것을 쓰기
시작하기 전에 매일 20분 동안 연필을 날카롭게 하는 것이 가

능하다는 것을 아는가? 나를 믿어라. 나는 안다. 나는 그것을 했다. 놀라운 일은 내가 20분을 연필을 날카롭게 하는 데 소비했다는 것이고, 나는 타자기로 글을 쓴다.

당신은 그러한 것들을 하고 싶어했다. 나를 믿어라. 당신은 그것들을 할 수 있다. 단지 그것을 계속해라. 당신이 고정되어 있다면 진보는 계속되지 않는다. 우리 모두는 우리의 좋은 시간을 갖고 바쁜 시간을 갖는다. 하지만 당신 자신을 결코 포기하지 마라. 나는 당신이 그것을 할 수 있다는 것을 안다. 나는 전부터 나의 세미나에서 당신을 만나고 싶었다. 나는 당신이 와서 내게 말하기를 원한다. "안녕 랜슨, 나를 봐. 나는 풍요롭게 살고 있어. 아주 행복한 삶이지."

(4) 당신의 풍성한 삶에 관련된 성구들

• "근신이 너를 지키며 명철이 너를 보호하여 악한 자의 길과 패역을 말하는 자에게서 건져내리라"(잠 2:11~12).
• "지혜가 너로 선한 자의 길로 행하게 하며 또 의인의 길을 지키게 하리니 대저 정직한 자는 땅에 거하며 완전한 자는 땅에 남아 있으리라"(잠 2:20~22).
• "주라, 그리하면 너희에게 줄 것이니 곧 후회 되어 누르고 흔들어 넘치도록 하여 너희에게 안겨 주리라. 너희의 헤아리는 그 헤아림으로 너희도 헤아림을 도로 받을 것이니라"(눅 6:38).
• "심는 자에게 씨와 먹을 양식을 주시는 이가 너희 심을 것을

주사 풍성하게 하시고 너희 의의 열매를 더하게 하시리니 너
희가 모든 일에 부요하여"(고후 9:10~11).

*
**실패를 성공으로 바꾸는 사람들의
5가지 습관**
*
초판 1쇄 — 2004년 5월 31일

*

지은이 — 랜슨 로스
옮긴이 — 변 대 원
펴낸이 — 채 주 희
펴낸곳 — 생명의 글
*
서울시 마포구 합정동 433 - 62
출판등록 — 제13 - 1562호
*
TEL. — (02) 323-4060
FAX. — (02) 323-6416
e-mail — elman1985@hanmail.net
*
잘못된 책은 바꾸어 드립니다.
*
값 10,000원

*
만든곳 - 엘맨출판사
출 판 - 엘맨출판사